유아 교과 논리 및 논술

고정리 지음

도서출판 피린마음

:: 머리말

서로가 합리적인 생각을 가지고 소통한다면 좀 더 민주적이고 선진화된 세상이 되지 않을까?

21세기 우리 사회의 필수적인 교육 중 하나인 민주시민 교육에 있어 합리적이고 논리적인 사고의 함양과 논리적인 표현은 민주시민 교육의 중요한 요소라 할 수 있다.

합리적이고 논리적인 사고의 신장과 자기 생각의 논리적 표현과 다른 사람의 말을 경청하는 능력을 신장시키는 교육은 21세기 학교 교육의 중요한 지표가 되고 있다.

따라서 이러한 교육을 유아기부터 발달 수준에 적합하게 접근해 주는 것은 21세기를 살아갈 유아들에게 매우 중요하다고 하겠다.

교육과학기술부는 2009학번부터 대학의 교원양성 교육과정에 논리 및 논술 교육을 필수과목으로 지정하였고 이러한 맥락을 토대로 우리나라 유치원부터 초·중등 교육 및 대학 교육에 이르기까지 창의, 인성 교육을 교육지표로 제시하였다.

유아 교과 논리 및 논술은 이러한 배경하에서 저술되었다. 본 책은 대학의 교원양성과정에서 유아의 논리적 사고와 표현 능력을 형성시켜주는 데 있어 교사가 알아야 할 이론과 실제를 익힐 수 있도록 전체 2부로 나누어 구성하였다.

I부는 유아 교과 논리 및 논술 교육, 논리적 사고, 유아 논술, 유형별 논술 지도의 실제, 토론을 통한 유아 논리 및 논술, NIE 지도를 통한 유아 논리 및 논술, 창의성 교육을 통한 유아 논리 및 논술, 문학적 접근을 통한 유아 논리 및

논술, 철학적 탐구 공동체를 통한 유아 논리 및 논술로 구성된다. I부는 유아교사가 알아야 할 논리적 사고와 논술의 개념, 유아 논리 및 논술 교육의 필요성, 유아 교육에 있어 논리 및 논술 교육의 구체적 접근방법 등을 다루었다.

II부는 논리 및 논술 활동으로서 실제현장에서 유아들과 함께 할 수 있는 활동들로 구성하였다.

본 책이 유아 교육 및 보육을 전공하는 학생뿐 아니라 유아교육기관의 교사 및 유아 교육 관련 분야의 모든 이에게 유익한 교재가 되길 바란다.

끝으로 20여 년 전 대학에 입학한 이래 오늘에 이르기까지 유아 교육에 대한 애정과 학자로서의 소양을 길러주셨던 모교의 은사님들께 존경과 감사의 마음을 전하고 싶다. 그리고 출판이 가능하도록 배려해주신 도서출판 파란마음 황호철 사장님과 편집부 여러분의 노고에도 감사드린다.

저자

:: 차례

PART I 유아 교과 논리 및 논술

Chapter 1 유아 논리 및 논술 교육

Chapter 2 논리적 사고

Chapter 3 유아 논술

Chapter 4 유형별 논술 지도의 실제

Chapter 5 토론을 통한 유아 논리 및 논술

Chapter 6 NIE 지도를 통한 유아 논리 및 논술

Chapter 7 창의성 교육을 통한 유아 논리 및 논술

Chapter 8 문학적 접근을 통한 유아 논리 및 논술

Chapter 9 철학적 탐구 공동체를 통한 유아 논리 및 논술

PART II 일곱 빛깔 생각 무지개 (논리 및 논술 활동)

Chapter 10 빨강-부지런함과 정직을 배우는 이야기

Chapter 11 주황-도란도란 가족애를 깨닫게 해주는 이야기

Chapter 12 노랑-지혜와 재치를 길러주는 이야기

Chapter 13 초록-희망과 용기가 샘솟는 이야기

PART I

유아 교과 논리 및 논술

활동 안내

유아 논리 및 논술 교육은 유아의 '생각하는 힘'을 키우는 것이다. 그리고 생각한 것을 구체적이고 논리적으로 표현할 수 있는것, 다른 사람의 말이나 글을 잘 듣고 보는 것이라고 할 수 있다. 유아의 이러한 능력을 키우기 위해서 이 책에서는 토론 활동, NIE, 창의성 기법 활동, 문학적 접근, 철학적 탐구 공동체를 통해서 유아의 논리 및 논술 교육을 접근하고자 한다.

이 책에서는 유아들의 논리적 사고와 논술(글쓰기) 능력을 키우기 위해서 우선 논리적 사고와 논술에 대한 개념 정의를 하고 유아 교육에 있어서 논리 및 논술 교육의 필요성을 서술하였다. 그리고 논리 및 논술 교육에 접근하는 방법으로써 토론을 통한 논리 및 논술, NIE 지도를 통한 논리 및 논술, 창의성 교육을 통한 논리 및 논술, 문학적 접근을 통한 논리 및 논술, 철학적 탐구 공동체를 통한 논리 및 논술을 서술하였다.

논리적 사고의 요소는 초점에 맞추는 능력, 정보의 수집 · 조작 능력, 분류 · 분석 능력, 추론적 사고와 논증 능력, 비판적 사고 능력이다. 논술에 필요한 능력으로는 표현력과 독해력, 사고력(논리성, 비판력, 판단력), 문제해결력(창의성)이다.

따라서 유아의 논리 및 논술 능력의 함양을 위해서는 위에서 언급한 능력을 키워주어야만 한다. 그러므로 이러한 능력의 함양을 위한 매체로서 신문이나 그림책을 활용할 수 있다. 관심 있는 주제에 대한 토론을 통해서도 논리 및 논술 교육을 할 수 있고 철학적 탐구 공동체를 통해서도 논리 및 논술 교육이 가능하다. 문제해결력(창의성)이 논리 및 논술 교육의 중요한 요소이므로 논리 및 논술 교육을 위해서는 창의성을 키워줄 수 있는 활동도 필요하다. 이러한 접근을 통해서 유아들은 요약하기, 이유 말하기, 추론하기, 비교 · 대조해보기, 육하원칙에 따라 설명해보기, 사실과 느낌 구분하기, 원인과 결과 구분해보기, 자신의 생각을 근거와 주장을 구분하여 표현하기, 서로의 생각 공유하기, 나의 생각을 구체적이고 근거를 대어 표현하고 다른 사람의 말을 경청하기, 개념들 간의 관계 짓기, 유사점과 차이점 알기, 생각 분류하기, 나의 생각을 표현하고 다른 사람의 생각에 귀를 기울이기 등의 활동을 경험할 수 있다. 유아들의 이러한 활동은 논리적 사고와 논술의 기초가 된다.

특히 유아들에게는 자신의 생각을 구체적으로 잘 표현하는 것과 다른 사람의 말을 잘 듣는 것이 함께 중요하다. 이것은 사고의 확장과 합리적 사고를 하는 데 바탕이 되고 논리 및 논술 교육에도 매우 중요하다.

이 책은 유아들의 논리적 사고 및 논술 능력을 함양시키기 위해서 앞서 언급한 방법들로 접근하고자 한다. 마지막으로 유아들의 논리적 사고와 논술 능력 신장을 위해 가장 중요한 것 중 하나는 '다른 사람의 말을 잘 듣고 공감할 수 있는 능력'을 키우는 것이라고 본다.

합리적이고 논리적인 사고는 '경청'으로부터 이루어진다. 경청은 최고의 배려이고 논리적 사고의 바탕이다.

Chapter 1

유아 논리 및 논술 교육

1 논리 및 논술 교육의 개념

2 논리 및 논술 교육의 필요성

01 논리 및 논술 교육의 개념

최근 교육에서 가장 중요한 트렌드가 있다면 논리적 사고와 논술이라 할 수 있다. 일반적으로 논리적 사고란 이해를 목적으로 하는 활동으로 사려 깊고 자기 조정적이며 창의적인 판단과 문제해결을 목적으로 하는 목표지향적인 정신활동으로 정의한다.

논리적 사고는 문제의 발견과 합리적인 해결과정으로 볼 수도 있다. 이렇게 본다면 생각하는 방법과 그 교육방법을 구체적으로 제시할 수 있다. 우선 사실을 다양한 관점에서 확인하고 여기에서 문제를 발견하고 가장 합리적인 문제해결방법을 찾는 과정으로 생각한다면 '사실 확인–문제 발견–합리적 해결방안 제시'의 순서로 접근할 수 있다.

논리적 사고를 통해서 추구하는 바는 문제를 발견하고 해결하는 논리적인 과정을 거쳐 논리성, 합리성, 창의성 등의 질적인 사고의 향상을 이루는 것이다. 사고의 질을 말하려면 우선 사고의 양이 많아야 한다. 사고의 양이 많아야 어떠한 문제의 가장 합리적이고 논리적이며 창의적인 문제해결방안을 찾을 수 있기 때문이다. 따라서 논리적 사고를 기르기 위해서는 사고의 양을 먼저 기르고 사고의 질을 높이는 순서로 가야 한다. 논리적 사고는 어떠한 문제에 가장 합리적이고 독창적인 해결방안을 찾는 과정이므로 사고의 양을 먼저 다양하게 많이 하는 것이 중요하다. 따라서 사고의 유창성과도 관련되는데 이것은 창의성에 속해 있으므로 논리적 사고는 합리성, 논리성뿐 아니라 창의성과도 밀접하게 관련이 된다고 하겠다.

논술이란 '어떠한 현상에서 발견한 문제에 대해 합리적인 주장과 논리적인 근거로 자신의 해결방안을 제시하여 상대를 설득하는 글쓰기나 말하기'이다.

논술은 '논리적으로 설득하는 글'로 논리는 '문제 발견과 해결방안, 주장과 근거' 두 요소로 구체화 된다. 논술 등 모든 글은 먼저 객관적인 사실을 확인해야 한다. 문제의 발견이 최우선이다. 문제의 발견은 글쓰기에서 구체적으로 무엇을 생각할 것인지를 결정하는 단계이다. 논술에서는 문제와 관련해서 자신의 해결방안을 합리적이고 논리적으로 생각하는데 이것이 주장이다. 주장에는 그 주장에 대한 분명하고 합리적인 근거가 필요하다. 이러한 '자신의 주장과 근거'를 글이나 말로 표현하여 상대를 설득하는 것이 논술이다.

글의 체계는 '상황 이해-문제 발견-해결 제시'의 구조인데 이것이 큰 논리이고 문단은 '주장-근거'의 구조인데 이것이 작은 논리이다.

논술에는 논리적인 글쓰기의 특성들이 반영되어야 한다.

1. 논술 대상: 어떤 현상(사건, 사고, 다른 사람의 말)
2. 논술 과정: 문제 발견과 해결방안 찾기
3. 논술 목적: 주장과 근거를 논리적으로 제시하여 상대를 설득하기
4. 논술 수단: 글로 쓰기, 말하기

결론적으로 유아에게 있어서 논리적 사고는 다양하게 생각하기, 구체적으로 생각하기, 일관성 있고 합리적으로 생각하기, 배려적으로 생각하기(다른 사람의 말을 귀 기울여 듣고 공감적 이해를 할 수 있는 것)라 할 수 있다. 이러한 사고를 말이나 글로 조리 있게 표현하는 능력이 논술이다. 따라서 유아 논술도 거창하게 시작하기보다 표현이 구체적인지, 일관성이 있는지, 자신의 생각을 정확하고 솔직하게 표현하는지에 대해 검토하고 그러한 능력을 키워 주어야 한다.

따라서 현실적으로 유아들 수준에서의 논리적 사고와 논술 능력을 키워 주려면

다음을 유의하야 한다.

첫째, 다른 사람과의 토론이나 대화, 이야기 공유하기의 경험을 많이 주어야 한다.

둘째, 교사는 발문을 할 때 구체적으로 하는 것이 좋다(예를 들어 "얘들아! 이 그림이 어때?"라고 말하기보다 "얘들아! 이 그림에서 가장 재미있는 부분은 무엇이니?", "네가 좀 더 첨가하고 싶은 것은 무엇이니?", "아쉬운 부분은 무엇이니?" 등). 따라서 논리적 사고와 논술을 위해서 창의성 활동이 필요한 이유가 여기 있다. 뒷장에 나오는 창의성 활동들은 사고를 풍부하고 민감하게 하며 정교하게 해주기 때문에 논리적 사고를 함양시키는 데도 필요한 수업이다.

셋째, 나의 말을 자신 있고 논리적으로 하는 것과 더불어 다른 사람의 말을 잘 듣도록 해야 한다. 다른 사람의 말을 잘 들어 보는 것이 사고의 확장에 중요하고 풍부한 사고에서 질적인 사고도 나오기 때문에 다른 사람의 말을 잘 듣는 것은 매우 중요하다.

넷째, 평소에 자신의 생각을 솔직하게 표현(말하기와 글쓰기)할 수 있는 기회를 많이 주고 교사도 잘 들어 주는 모범을 보일 필요가 있다. '경청'은 최고의 '배려'이다.

다섯째, 하나의 활동이나 현상에 대해 생각하고 또 생각할 기회를 제공해줄 필요가 있다. 활등의 나열로 활동만을 돌리고 하나의 활동이나 현상에 대해 깊이 있게 탐구해볼 시간적 여유를 주지 않는다면 유아들도 깊이 있게 생각할 여유가 없어진다.

논리적인 글쓰기를 돕는 두 가지 방법은 다음과 같다.

첫째, 요약 연습이다.

요약은 논술과는 물론 다르다. 논술은 주어진 논제에 대해 자신의 생각을 논거를 제시하여 논리 정연하게 서술하는 글인 데 반해, 요약은 글을 읽고 상대방이 말하고자 하는 핵심을 간단히 정리하는 것이다. 따라서 논술은 자기 생각을 논리적이고 합리적으로 근거를 대서 표현하는 것인 데 반해 요약은 다른 사람의 글을 제대로 이해했는지 여부이다.

그러나 논술을 하는 데 있어서 이러한 요약은 중요하다. 요약이 필요한 이유는 다음과 같다.

- 유아들은 다른 사람의 말이나 글의 핵심을 찾아내고 요약하는 것을 통해서 이해력을 기를 수 있다. 다른 사람의 말이나 글을 제대로 요약할 줄 알면 논술을 하는 능력도 길러진다.
- 요약 연습은 주어진 말이나 글을 제대로 이해했는지가 관건이기 때문에 분석력이 길러지고 논리적 사고의 바탕이 된다.
- 요약하는 연습은 논술의 핵심인 논지 설정에도 도움이 된다. 어떤 문제에 대해 자기 생각이 다소 빈약하거나 논리가 부족할 때는 남의 생각, 논리를 파악하는 것도 도움이 된다.

그러면 요약 능력을 기를 수 있는 방법은 무엇인가?

첫째, 가장 처음에 접근할 수 있는 방법이 베껴쓰기 훈련이다.

베껴쓰기는 가장 철저하게 글을 읽는 방법이 될 수 있다. 예술 방면의 초보자들이 처음에 훌륭한 선배의 그림이나 곡을 베끼는 것과 마찬가지이다. 베끼는 연습을 하면서 배우고 익힌다. 베껴쓰기는 글을 꼼꼼하게 읽게 해서 이해력을 키우고 문장력도 좋아지게 한다. 사물을 보는 시야도 넓게 하고 가치관의 정립도 되게 한다.

둘째, 개요짜기 연습이다

개요란 '사고의 체계적 조직화, 논지의 완전한 활자화'이다. 즉, 개요란 자기 생각을 차곡차곡 쌓아 가는 것이다. 따라서 개요 작성이란 논제와 그것에 대한 자신의 주장, 논거를 정리하고 그러한 것들을 체계적으로 문단에 배치하는 '논지 구성 작업' 이다. 그러므로 개요짜기는 본격적으로 글을 쓰기 전에 생각의 전체적 흐름을 따져서 '구체적인 대강' 을 적어보는 것이다. 전체적인 구상이라는 점에서 '대강' 이고, 각 부분의 내용을 완전한 문장으로 써본다는 점에서 '구체적' 이라고 할 수 있다.

개요짜기 연습은 다음과 같은 이점이 있다.

첫째, 논제를 체계적으로 배열하는 사고의 조직화 훈련이 된다.

둘째, 글이 주제에서 벗어나는 것을 방지하고 글의 일관성을 유지할 수 있다.

셋째, 글의 분량을 적절히 조절하여 배분하는 능력을 기를 수 있다. 즉 중요한 내용은 꼭 들어가도록 하고 불필요한 내용은 과도하게 들어가지 않도록 하는 것이다.

넷째, 유아들이 작성한 개요를 보고 유아의 표현력, 글의 일관성, 글의 구체성 등을 볼 수 있다.

다섯째, 개요작성 훈련은 같은 논제를 가지고 반복적으로 연습할 수 있다는 것이다. 논제가 자주 바뀌는 것보다 같은 논제로 여러 번 글을 적어보는 연습이 오히려 유아들에게 도움이 된다.

기본적으로 논술에 앞서 먼저 이루어져야 할 것은 논리적으로 사고하기이다. 논술은 머리에서 나온다. 따라서 논리적 글쓰기는 항상 논리적 사고와 결부된다. 교사는 유아들에게 평소에 "왜, 어떻게 해서"라고 의문을 던져서 유아들이 하나의 현상에 대해 곰곰이 생각할 기회를 제공한다. 남들이 흔히 자연스럽다고 믿는 현상도 곰곰이 생각해볼 기회를 주는 것이 좋다. 유아들에게 자기 나름대로 깊이 있게 사고할 시간이 주어질 때 논리적 사고와 논술은 싹튼다.

유아에게 생각할 시간(thinking time)을 주자.

02 논리 및 논술 교육의 필요성

우리가 살아갈 21세기는 정보화, 세계화 시대이다. 이렇게 쏟아지는 정보와 세계가 하나의 지구촌이 되어 움직이는 세상에서 합리적인 사고로 판단하고 논리적으로 생각하는 힘은 필수적이다. 따라서 유아들이 합리적으로 생각할 수 있는 힘을 기르기 위한 논리적 사고 교육은 이러한 시대에 필수적인 것이다. 더불어 자신의 생각을 근거를 바탕으로 표현할 수 있는 힘은 앞으로 다른 사람과 함께 살아가면서 자신을 합리적으로 표현하는 데 중요하다. 논리 및 논술 교육의 필요성을 구체적으로 본다면 다음과 같다.

1) 우리 교육의 요구

지금까지 많이 이루어지고 있는 지식 위주의 수업은 학습자에게 스스로 생각하고 문제를 해결할 기회를 주기가 어렵다. 지식 위주의 교육이 가지고 있는 단점 중 하나는 교육과정의 내용이 단편적이고 분절적일 뿐 아니라 스스로 생각할 기회를 잘 주지 못한다는 것이다. 유아에게 스스로 문제를 발견하고 그것을 해결할 기회를 충분히 준다면 이러한 과정에서 유아는 논리적 사고와 생각하는 힘을 기를 수 있다. 이러한 능력이야말로 21세기를 살아갈 유아들에게는 필수적인 능력이다. 유아 스스로 문제를 찾아내고 해결책을 모색해보는 것은 논리적이고 합리적인 사고를 이끌게 되고, 근거를 세워 자신의 의견을 표현해봄으로써 다양화되고 점점 복잡해지는 시대에 합리적으로 살아갈 수 있다.

2) 조화롭게 살 수 있는 능력의 요구

현재뿐 아니라 미래에도 남과 더불어 조화롭게 살아가는 능력은 필수적이다. 각기 다른 사람들이 모여 있고 점점 더 의견이 복잡해지고 다양화 되는 사회에서는 스스로 논리적이고 합리적인 사고를 하는 것이 의견 조절에 도움이 된다. 서로가 논리적이고 합리적인 사고를 할 때 합리적인 사회로 나아갈 수 있다. 또한 나의 의견을 논리적으로 표현할 수 있어야 다른 사람을 설득할 수 있고, 다른 사람의 의견을 잘 들으면서 합리적인 대안을 모색해볼 수 있다.

서로가 합리적으로 생각하고 그것을 표현할 때 서로의 의견은 더 나은 방향으로 나아갈 수 있다. 논리적 사고와 논술의 연습을 통해서 근거를 대서 자신의 생각을 말할 수 있고 다른 사람의 말을 잘 듣게 됨으로써 더불어 함께 살 수 있는 의식과 능력을 키울 수 있다.

Chapter 2

논리적 사고

1 논리적 사고의 개념
2 논리적 사고의 구성
3 논리적 사고와 유아

인간은 생각하는 존재이다. '사고'란 목적이 있는 정신적 활동으로 문제를 발견하고 해결방법을 찾으며 사물을 이해하는 정신적 과정이라고 볼 수 있다.

논리적 사고는 현재의 문제를 살피고, 평가하며 적합한지를 판단하는 역할을 한다. 논리적이라고 하면 감정보다는 사실(fact)과 증거를 바탕으로 판단하고 해결방법을 모색하며 실현가능성을 점검한다. 또한 모순된 점이나 불합리한 점이 있는지를 확인하여 합리적인 해결방법을 모색한다.

세계는 정보의 홍수시대이다. 이러한 정보의 홍수시대에는 필요한 정보를 잘 골라내고 취득하는 것이 중요하다. 그리고 취득한 정보를 활용하여 문제를 해결할 수 있는 '합리적인 사고'가 요구된다. 많은 정보 중에서 나에게 필요한 것을 선별하고, 이러한 정보를 바탕으로 문제점과 해결방안을 모색하기 위해 정보활용 능력이 요구되는 것이다. 이러한 능력이 논리적 사고라고 할 수 있다.

수많은 지식과 정보 중에서 나에게 필요한 것을 취사선택하고 이를 바탕으로 합리적인 해결책을 모색해보는 능력은 앞으로의 사회에 필수적인 것이다.

따라서 '2007 개정 유치원 교육과정'에서도 논리적, 합리적으로 문제를 해결하는 능력과 태도를 기를 것을 강조하고 있다(교육과학기술부, 2007).

01 논리적 사고의 개념

'논리(logic)'라는 단어는 'word, thought, idea, argument, account, reason'의 뜻을 지닌 고대 그리스어 'logos'에서 유래했다. 사전적 의미로는 '말이나 글에서

추리 따위를 이치에 맞게 이끌어 가는 과정이나 원리', '사물 속에 있는 이치, 또는 사물끼리의 법칙적인 연관' 이다.

논리에 대한 학자들의 정의를 살펴보면 다음과 같다.

라이트(Wright, 1984; 소홍렬, 2000 재인용)에 의하면 '이유 혹은 근거가 분명하고 비약이 없으며 사건(event)들 간의 관계를 타당성에 준거를 두고 검토하는 것' 이라고 하였다.

피셔(Fisher, 1987; 방명숙 외, 1995 재인용)에 의하면 '어떤 주장, 신념, 정보의 출처에 대한 정확성, 타당성, 가치를 판단하기 위해 정밀하고 객관적이고 지속적으로 분석하는 것' 이라고 하였다.

한국교육과정평가원(2002)에서는 '어떤 견해를 받아들일지 또는 어떤 행위를 할지 결정하기 위해서 주어진 언어적 · 비언어적 자료의 논리적 구조와 의미에 대한 파악을 토대로 개념, 증거, 준거, 방법, 맥락 등을 고려하여 최선의 판단을 내리는 것' 이라고 하였다.

이상의 정의들을 종합해본다면, 논리적 사고는 합리적인 사고를 토대로 근거가 타당한 주장을 하는 것이라고 할 수 있겠다. 어떠한 주장이 받아들여지려면 그 주장을 뒷받침하는 근거가 타당해야 하고 그러한 근거를 바탕으로 일관성 있는 결론이 나와야 한다. 따라서 논리적 사고란 '주장과 근거와 결론이 합리적이고 일관성이 있는가' 를 생각하는 것이다.

02 논리적 사고의 구성

주강식(1995)은 논리적 사고의 요소를 다음과 같이 제시하였다.

표 2-1 논리적 사고의 요소

요소	내용
초점에 맞추는 능력	문제 파악 및 해결 전략의 탐색
정보의 수집, 조작 능력	필요한 정보 수집 및 조직
분류, 분석 능력	순서화 하기, 분류하기, 비교하기, 대조하기, 정의하기, 오류 확인, 속성과 구성요소 확인, 관계 양상 및 구조 파악, 요점과 요지 및 의도 파악
추론적 사고와 논증 능력	유추적 사고, 역유추 사고, 귀납적 논리 전개, 연역적 논리 전개, 문제해결 및 결론 도출
비판적 사고 능력	진위 판단, 가치 판단의 준거설정과 그 적용

03 논리적 사고와 유아

피아제(Piaget)는 영유아기를 논리적 사고발달에 중요한 시기로 보았다. 피아제는 영유아가 동화와 조절을 하면서 적절하지 않은 생각을 버리고 좀 더 논리적으로 생각할 수 있다고 하였다.

영유아가 자발적 활동(self-activity)을 하면서 얻게 되는 정신적 움직임이 행동으로 나타나는 것이 논리적 사고의 발달이라 볼 수 있다(Bruner, 1964).

피아제 연구에서 나타난 전조작기 유아의 논리적 사고발달의 특징은 다음과 같다(이은상, 1993).

첫째, 상징의 발달이다. 단어나 문장과 같은 추상적인 형태의 상징보다는 사물 자체에 대한 상징이나 행위에 대한 상징이 발달한다.

둘째, 추리의 발달이다. 두 가지 일에 대한 추상적인 생각이 일어나며 서로 인과관계를 가진다는 것을 알게 된다.

셋째, 분류행동의 발달이다. 이 시기 분류활동은 시각적 수준에 의해 분류하려는 경향이 두드러진다.

넷째, 의사소통의 발달이다. 다른 사람의 언어나 다른 전달매체를 통해서 학습할 수 있게 되며 또 다른 사람에게 정보를 전달할 수 있게 된다. 의사소통을 통하여 다른 사람의 행동을 통제하여 자신이 원하는 행동을 하기도 한다.

다섯째, 보전개념의 발달이다. 어떤 물체의 모양이나 크기가 변한다고 하여도 그 물체의 속성은 변하지 않음을 알 수 있다. 즉, 물체의 외적인 모습은 변해도 그 물체가 본질적으로 동일한 물체로 남아 있음을 이해한다.

여섯째, 사회적 인지의 발달이다. 자신과 타인, 그리고 사회적인 관계에 대한 지각을 포함하는 인식이 발달한다.

Chapter 3

유아 논술

1 논술의 이해

2 논술의 단계

3 논리적 글쓰기 지도

01 논술의 이해

1) 왜 논술인가?

앞으로 살아갈 세상은 불확실성의 시대이다. 하루가 다르게 세상은 변화하고 있다. 이처럼 불확실하고 변화가 많은 세상에 적극적으로 대처하고 살아가기 위해서는 자기 인식이 확고하게 이루어질 필요가 있다. 자신이 누구인지, 어떻게 살아가야 하고 왜 존재하는지에 대한 의식을 분명히 가질 수 있도록 해야 한다. 그러려면 직접적 경험과 더불어 다양한 책을 통한 간접적 경험을 통해 사고의 폭을 넓히고 큰 틀에서 사고할 수 있어야 한다.

논리적 사고와 논술은 이런 부분과 관련지어서 어떤 문제에 대해 객관적으로 생각해보고 자기 의견을 논리적으로 서술하는 글이다. 따라서 논술은 개인이 문제의식을 가지고 주변 환경과 교류하는 하나의 방식이다. 이것은 삶의 본질적인 문제에 대해 나는 어떻게 생각하는지와 다른 사람은 어떻게 생각하는지에 대해서도 들어서 자기의 생각을 정리해보는 것이다.

논술의 기본은 자기의 주장을 설득력 있게 표현하는 것이다. 근거 없는 주장은 다른 사람이 나의 의견에 공감할 수 없게 한다. 다른 사람 또한 논리적인 이유를 제시해야 내가 공감할 수 있다. 그러므로 논술의 핵심은 근거 있는 주장을 논리적으로 내세우는 것이다. 자신의 주장을 구체적으로 제시하고 그 주장에 대한 논리적인 근거를 대는 것이 중요하다. 주장과 근거가 논리이고 그것을 글로 표현하는 것이 논술이다.

논술하기는 사회의 다양한 문제들에 대해 관심을 갖게 하고 타인의 생각을 알게 하며 공유함으로써 삶의 지혜를 터득하게 한다.

논술을 통해 유아들은 분별력, 시민의식, 균형 잡힌 시각, 공동체 의식 등을 기를 수가 있다. 유아들이 경험하는 직 · 간접 경험에서 문제를 발견하고, 왜 이런 현상이 발생했는지, 해결방법은 무엇인지를 고민해보고 이를 글로 표현하는 것은 비판적 사고력과 창의적 사고력에 중요하다. 이러한 사고력은 직접 경험과 책을 통한 간접 경험에서 나온다. 논리적으로 생각하고 논술해보는 것은 스스로 반성적 사고를 하게 만들고 합리적인 사고를 하게 한다.

최근 인터넷의 급속한 보급으로 책이나 신문을 많이 접하지 않는 경우가 많다. 인터넷은 정보는 많지만 체계적이고 논리적으로 길게 논의하는 경우는 힘들고 화면상으로 그러한 글을 읽는 것도 쉽지 않다. 책읽기가 필요한 이유는 체계가 잡힌 지적 세계를 만들기 위해서이다. 교과서에서 다하지 못하는 부분을 책을 통해서 폭넓게 간접 경험하는 것은 자신의 사고를 확장시키고 논리적으로 이끄는 데 도움이 된다.

따라서 직접적 경험과 더불어 책읽기는 유아 논술의 바탕이라 할 수 있다.

(1) 책의 종류에 따른 책읽기

① 감동을 주는 문학작품

문학작품을 읽을 때에는 겉으로 드러나는 의미 외에 숨겨진 의미를 발견하고 그 의미들이 나에게 주는 의미를 생각해본다.

② 자연과학 책

자연과학 책은 원리들이 설명되어 있으므로 그 원리를 이해하는 것이 중요하다.

③ 신문, 잡지

정보를 전달하고 주장을 내세운 글이므로 사실을 이해하고 분석하며 자기 의견을 정리해본다.

2) 글쓰기란 무엇인가?

말하기는 경험의 반복으로 습득되지만 글쓰기는 글자를 익히고 자기의 생각을 글로 다시 적는 과정을 거치기 때문에 학습이 필요하다. 글쓰기는 학습을 통해 이루어지며 문자습득과 문장의 배열, 사고력, 표현력 등 체계적인 교육과정이 필요하다.

최근 여러 정보기기의 보급으로 의사소통의 수단으로써 자신의 생각을 체계적이고 논리적으로 표현하는 글쓰기가 사람들 사이에서 많이 줄어든 것이 사실이다. 이러다 보니 자연히 차분하게 생각하고 그러한 생각을 논리적으로 표현할 기회가 줄어들면서 논리적 사고력이 약해진 것이 사실이다.

글쓰기 지도를 위해서 교사가 준비해야 하는 가장 중요한 것 중 하나는 유아들의 생활 속에서 이야깃거리를 찾고 그것을 말이나 글로 표현해보는 기회를 유아들에게 자주 제공해야 한다는 것이다. 유아들의 생활과 생각이 들어 있는 글쓰기, 기쁨과 슬픔, 자신의 꿈을 꾸고 생각하는 글쓰기, 친구들과의 우정과 의견을 나누는 글쓰기가 우리가 지향해야 할 글쓰기 교육의 방향이다.

(1) 논술문이란

어떤 대상이나 주제에 대해 합리적인 사고를 통해 이루어진 자신의 견해나 주장을 체계적으로 서술한 글이 논설문이다. 논술문으로 의사소통을 원활하게 하기 위해서는 표현력과 독해력이 필수적이다. 합리적 사고과정이란 '논리적 사고를 통해 이성적 판단을 이끌어내는 정신작용' 인데 이러한 합리적인 사고의 힘을 기르기 위해서는 논리력, 분석력, 창의력 등이 요구된다. 합리적인 사고과정이라는 것은 '논리적 사고를 통해서 이성적 판단을 하고자 하는 정신작용' 이라 할 수 있다.

*논술이란?

1 자신의 생각이나 주장을 쓰는 것이다.
2 근거를 대고 체계적으로 쓴다.
3 객관적으로 증명할 수 있어야 한다.
4 순서대로 논리적으로 쓴다.

*논술에 필요한 능력

1 표현력과 독해력
2 사고력: 논리성, 비판력, 판단력
3 문제해결력: 창의성

(2) 논리적 사고를 위한 방법

① 아이들이 충분히 질문할 수 있도록 하라.
② 아이들과 대화를 많이 하라.
③ 대답이 곤란한 아이들의 질문에는 슬기롭게 대처하라.
④ 브레인스토밍을 하라.
⑤ 상상력을 촉진시켜라.

⑥ 다른 사람의 입장에서 생각할 기회를 많이 제공하라.
⑦ 메모하는 습관을 길러라.
⑧ 비교하고 유사점과 차이점을 구별하는 습관을 가지도록 하라.
⑨ 생각한 것에 대해 스스로 질문해보고 여러 가지 방향에서 답을 찾는 노력을 하라.

논술은 단순히 글의 체제를 잘 짜고, 원고지 사용을 잘 하는 것이 아니라 공동체에서 의사소통의 수단이 되어야 한다. 그러므로 교사들은 유아들이 생각을 다양하게 하도록 촉진하고 서로의 생각을 공유하는 기회를 많이 제공할 필요가 있다.

(3) 논술과 사고

생각한다는 것은 보거나 듣는 것, 행하는 것 다음에 따라온다. 그러므로 생활 속에서 의문 나는 것, 궁금한 것에 관심을 가지기 시작하는 것은 논술의 시작이 된다.

① 문제 제기

- 자기 주장: 자기 주장은 자신이 제기한 문제에 대한 답이다(논증).
- 논거 제시: 자기 주장이 옳다는 것을 입증하는 과정이다. 논술에서 주장이 중요한 만큼 그것을 뒷받침하는 논거도 중요하다.

*논술의 전체 내용

1 문제 제기: 논제
2 주장과 근거: 자기 생각과 그것에 대한 논거 제시
3 결론: 주장 정리

② 논리라는 것

논리는 주장에 대해 이치에 맞게 근거를 대는 것이다. '논리'라는 말은 이치에 맞고 사리에 합당하며 앞뒤 모순이 없고 부당한 비약을 하지 않을 때 사용하는 말이다.

③ 오류

오류란 '그릇되어 이치에 어긋나는 인식'을 말한다. 이러한 오류들은 그럴 듯 하면서도 논리적으로 타당하지 못한 경우가 많다.

- 형식적 오류: 삼단논법의 형식을 지키지 않아 생기는 오류
- 비형식적 오류: 인신공격의 오류, 군중심리를 자극하는 오류, 원천봉쇄의 오류, 성급한 일반화의 오류, 무지에의 오류, 흑백논리의 오류, 강조의 오류 등

④ 비판적 사고

비판적 읽기 요소는 다음과 같다.

- 출처의 신뢰성 파악하기
  - 누가 말했는지
  - 최상의 자료는 어떤 것인지
- 사실과 의견 구분하기
- 같은 문제를 다양한 관점으로 바라보기
  - 글쓴이의 생각과 자신의 생각 비교하기
  - 나의 의견 정리하기
  - 갈등 보고하기
- 주장에 나온 편견 파악하기

• 광고의 기교 파악하기

• 과대광고 파악하기

- 타당하고 논리적인 근거(이유, 증거)를 들어 주장하기
- 설득하는 기교 파악하기

• 주장과 그것에 대한 근거가 적절한가?

- 판단하기 전에 평가준거를 만들어서 사용하기
- 표현상의 특징과 적절성 파악하기

• 묘사, 설명, 기술 등

- 단어의 함축적인 의미 파악하기

• 외연적 의미와 내연적 의미 파악

- 글의 전개방식 파악하기

• 설명글, 이야기 글, 3단 구성, 4단 구성, 5단 구성 등

(4) 논술의 5가지 성격

① 문제의 발견

문제 발견이란 개선이 필요한 것을 찾아내는 것을 말한다. 문제를 발견하려면 사실을 이해하는 능력, 상황 판단력, 그것을 문제로 만드는 능력 등이 있어야 한다.

② 문제해결 능력

문제해결을 위해서는 논리에 맞아야 하고 현실적이어야 한다.

③ 종합적 사고 능력

관련된 여러 상황을 종합하여 합리적 사고를 하는 것이다.

④ 논리적 사고 능력

논리적 절차에 의해 문제해결방법을 생각하는 것이다. 글의 객관성을 유지하기 위해서 필요하다.

⑤ 글쓰기

논술은 생각을 언어로 표현하는 것이다. 따라서 과시적이고 현란한 문장의 나열보다 문제해결을 위한 논리적이고 체계적이며 합리적 근거가 있는 사고과정이 더 중요하다.

(5) 논술의 구성요소

논술은 자기의 생각으로 다른 사람을 설득하고 다른 사람과 생각을 공유하는 과정이다. 논술의 구성요소는 다음과 같다.

① 추리

사실을 근거로 누구나 그렇게 생각할 만한 결론을 이끌어내는 생각의 형식이 추리이다. 추리는 누가 보아도 타당해야 한다.

② 논증

추리를 언어로 표현한 것을 '논증', '추론'이라고 한다. 전제와 결론의 형식이다.

③ 논리, 논리적

이치에 따라 생각하는 방법이며 전제와 결론이 이치에 맞게 사고하는 방법이다.

④ 논거

하나의 주장을 뒷받침하기 위해 제시된 전제들을 논거라고 한다. 논리적인 글쓰기는 전제(논거)에 의해 결론(주장)이 지지되는 것이다.

⑤ 논지

단락에 있어서 중심생각을 말한다. 단락 간에는 유기성이 있어야 한다.

궁극적으로 논증의 방식보다는 논증이 타당해야 한다. 논증이 타당하려면 전제가 '참'이라는 것이 바탕이 되어야 한다.

02 논술의 단계

논술의 단계라고 하는 것은 그 과정과 수준을 다 포함하는 것이다.

1) 자신의 삶을 이야기하는 단계

글쓰기를 할 때 가장 중요한 것은 정직하게 쓰는 것이다. 그리고 다른 사람들이 읽을 만한 가치가 있는 글을 쓰는 것도 중요하다. 가치가 있는 글을 쓰려면 가치 있는 생각을 하도록 해야 하는 것이다.

글쓰기 지도를 위해 고려해야 할 점은 다음과 같다.

글쓰기 지도를 위해 가장 우선적으로 고려해야 할 점은 유아들이 생활 속에서 이야기를 정직하게 풀어 놓을 수 있는 분위기를 만들어주고 그것을 정직하게 써보도록 격려하는 것이다. 교사나 부모는 그러한 이야기를 읽고 판단이나 평가를 하려 들지 말고 공감적 이해를 하려고 노력해야 하며 글을 읽고 의사소통을 하면 아이가 자신감을 가질 수 있다.

잘 쓰라고 부담을 주지 말고 정직하게 자신의 생각을 풀어낼 수 있도록 하고 왜 그렇게 생각했는지에 대해 이야기 나누어야 한다. 이러한 경험이 유아로 하여금 글쓰기에 대한 부담을 줄이고 글을 즐겨 쓰게 한다.

두 번째로 고려해야 할 점은 유아가 생활 속에서 본 일, 들은 일, 겪은 일을 쓰게 하는 것이다. 유아들이 가장 많이 쓰는 글의 형식은 서사문이다. 일기, 수필, 기행문, 감상문 등이 서사문의 뿌리가 된다. 서사문 쓰기의 기본은 '누가, 언제, 어디서, 무엇을, 왜, 어떻게 하였다' 는 6가지가 나타나는 것이다.

세 번째로 고려해야 할 점은 유아들에게 생활을 돌이켜보고 이야기할 시간을 주어야 한다는 것이다. 글쓰기를 어려워하는 가장 큰 이유는 무엇을 써야 할지 모르기 때문이다. 일상생활을 잘 관찰하면 쓸 거리가 많아진다. 친구가 왜 화를 냈는지, 친구가 왜 저런 행동을 하는지를 잘 관찰하고 생각을 해본 후 자신의 느낌을 글로 나타내어 보면 나와 남을 더 잘 이해할 수 있게 되고 사고의 폭도 넓어질 수 있다. 겪지 않은 일을 쓰는 것은 유아에게는 어려운 일이다. 유아에게 글쓰기는 생활 그 자체이어야 한다.

네 번째로 고려해야 할 점은 글쓰기를 함으로써 문제를 해결하는 능력이 길러질 수 있도록 해야 한다. 유아들은 일상생활 속에서 겪은 일들을 글을 쓰면서 스스로를 되돌아보게 되고 합리적인 해결방안이 떠오르게 되며 마음이 자연스럽게 정화된다. 글쓰기는 삶의 문제를 해결하는 하나의 방법이다.

마지막으로 고려해야 할 점은 글쓰기는 배경지식이 많아야 한다는 점이다. 따라서 글쓰기를 잘 하려면 직 · 간접 경험이 많아야 한다. 직접 경험은 물론이고 간접 경험을 많이 주려면 다양한 책, 신문 등을 접하게 하는 것이 중요하다. 이러한 것들이 훌륭한 글감이 된다. 글쓰기는 어렵게 창작하는 것이 아니라 자신이 보고 듣고 경험한 것을 기록하고 생각해보는 것이다. 글쓰기는 자연스러운 생활의 일부분이 되도록 자연스럽게 접근하는 것이 중요하다. 학습 능력을 신장시키기 위해 글을 쓰는 것이 아니라 글쓰기를 통해서 학습 능력이 자연스럽게 신장되도록 하는 것이 중요하다.

2) 추론하여 쓰는 단계

자신이 보고, 듣고, 겪은 일을 쓰는 것이 익숙해지면 주제에 대한 나의 생각과 다른 사람의 생각을 비교해 보면서 '왜냐하면'과 '예를 들면'을 찾아 쓰는 연습을 한다. 예를 들면 어떤 아이가 놀이에 끼워주지 않아서 외로워하는 글을 읽고 그 아이의 입장, 그 아이의 부모님 입장, 담임선생님 입장, 원장선생님 입장이 되어서 글을 적어보고, 공감적 이해와 역할조망 능력을 기르며 서로 생각이 다를 수 있음을 이해한다.

3) 논리적인 서술 단계

어떠한 문제에 대해 자기 주장을 하고 근거를 대어서 논리적인 글을 쓰는 것이다. 유아와 대화를 많이 하여 자신의 이야기를 차근차근 할 수 있고 다른 사람의 이야기를 잘 듣는 경험을 많이 제공해주는 것이 필요하다. 이러한 경험에서 자신의 논리적인 글쓰기가 나온다.

03 논리적 글쓰기 지도

1) 논술에 필요한 능력

(1) 독해력, 표현력

글을 읽고 이해할 수 있는 능력, 전달하고자 하는 취지를 정확히 나타낼 수 있는 능력이다.

(2) 사고력

생각할 수 있는 사고력, 분석력, 비판력 등이 있다.

(3) 문제해결 능력

창의력, 어떠한 상태를 유지하는 데 장애가 발생하여 그 장애를 해소하고자 하는 능력이 문제해결 능력이다.

(4) 논제 설정

논술의 전체적인 방향을 의미하는데 이러한 방향은 일관성과 논리성, 근거가 명확해야 한다. 논술의 3요소는 논점, 논지, 논거이다. 논점이란 글에 담긴 핵심이다. 논지란 글쓴이의 주장이다. 논거는 주장을 뒷받침하는 근거이다.

2) 단계별 쓰기

(1) 서론 쓰기

서론은 글의 첫머리인데 문제를 제시하는 부분이다. 전체 글이 다룰 문제가 무엇인가를 밝히는 단계이다. 즉 유아 수준에서 내가 문제로 삼고 싶고, 하고 싶은 이야기가 무엇인지를 밝히는 단계라 볼 수 있다. 서론은 호기심을 유발해야 하고, '문제제기' 가 되어야 하며, '글 쓴 동기와 목적' 이 제시되어야 한다. 그리고 글의 전체적인 주제가 암시되어야 한다.

(2) 본론 쓰기

본론은 본격적으로 자신의 생각을 펼치는 것으로 자신의 생각이 정당함을 구체적인 근거를 내세워서 제시한다. 즉 자신의 생각이나 주장을 구체적으로 하고 거기에 따른 근거를 구체적이고 설득력 있게 내세우는 것이다.

(3) 결론 쓰기

결론은 서론에서 제기한 문제점을 본론의 근거를 바탕으로 자신의 생각을 재확인하는 것이다.

(4) 문장 다듬기

주제 문장은 정확히 진술되었는지, 주제가 구체적인 근거로 뒷받침되었는지, 단락 간의 연결은 자연스러운지, 문장이 부드럽게 연결되었는지, 낱말의 선택은 적절한지 등을 살펴본다. 정확한 문장을 쓰기 위해서는 되도록 간결한 문장을 쓰고, 글의 내용을 이해하기 쉽도록 쓰며, 주어와 서술어가 잘 호응이 되어야 한다.

표 3-1 글감 모으기

구분	한 것	본 것	들은 것	느낀 점
집				
유치원				
학원				
그 외 마트, 시장, 길거리 등				

Chapter 4

유형별 논술 지도의 실제

논술의 유형이 일정하게 정해진 것은 아니나 찬반 논의형, 문제해결형, 독해형으로 구분할 수 있다.

01 찬반 논의형 논술

찬반 논의형 논술은 동일한 문제에 대해 반대되는 견해를 나타낸다. 이는 하나의 문제에 대해 한 가지 견해를 제시하고 자신의 논리를 찬성 또는 반대를 선택해서 펴는 유형과 찬성 또는 반대의 글을 모두 제시하고 그 중에서 하나를 선택하여 자신의 논리를 펴는 유형이 있다.

1) 제시하는 문제 유형

(1) 자기 나름대로 판단하고 결정하는 문제

- 유치원에 장난감을 들고 오는 것이 좋을까?

(2) 현재 사회적 이슈가 되는 정책의 효과성을 검증해보는 문제

- 유치원에서 영어를 배우는 것이 좋을까?

2) 찬반 논의형 논술 지도의 목적

① 논술에 대한 흥미를 유발한다.

② 논지와 논거를 구조화 하는 데 비교적 용이하다.

③ 사회적 쟁점에 대한 폭넓은 사고 능력을 기른다.

④ 토론과정을 통해서 배경지식을 확장시킬 수 있다.

⑤ 토론과정을 통해서 창의적이고 논리적인 사고를 기를 수 있다.

⑥ 토론의 논지와 논거를 글쓰기로 바꾸는 능력을 기를 수 있다.

3) 찬반 논의형 논술 지도의 필요성

① 유아들은 이야기하고 토론하기를 좋아한다. 따라서 토론을 통해 자연스럽게 글쓰기에 대한 흥미와 동기유발을 일으킬 수 있다.

② 논술은 사고의 과정이다. 따라서 토론을 통해서 폭넓은 사고를 기를 수 있는 자극이 필요하다.

③ 논술은 설득하는 글이다. 논술은 논리적이고 타당한 근거를 바탕으로 상대방을 설득하는 과정이다. 그러므로 토론의 과정이 중요하다.

④ 논술의 핵심은 자기가 생활하는 가운데서 성찰과 반성적 사고가 토대가 된 사고의 구조화이기 때문에 토론의 과정이 필요하다.

4) 찬반 논의형 논술의 주제 선정 시 주의할 점

찬반 논의형 논술의 주제 선정 시에는 다음과 같은 점을 주의해야 한다.

첫째, 너무 포괄적인 주제는 바람직하지 않다.

둘째, 유아들 수준에 적합해야 한다.

유아들은 자신들이 전혀 모르거나 자신들의 관심과 먼 주제가 제시되면 말할 거리가 없다.

셋째, 상식 수준에서 그치는 것은 문제의식으로 발전되지 못한다.

늘 이야기 되고 원인과 대책이 수없이 나온 문제는 문제의식을 가지기 어렵다. 논술의 주제는 항상 상식을 넘어서야 하는 것이다.

넷째, 단답형으로 나오는 주제는 피해야 한다.

유아들의 생각을 많이 끄집어내는 주제가 바람직하지 단답형으로 그칠 주제는 바람직하지 않다.

5) 찬반 논의형 논술 지도 시 주의할 점

첫째, 유아들의 흥미를 유발해야 한다.

'내가 좋아하는 10가지', '내가 알고 싶은 것 10가지', '나의 관심사항 10가지' 등의 조사를 통해 주제를 선정할 수 있다.

둘째, 토론도 훈련이 되어야 한다.

토론은 자신의 생각을 정리해서 말하고, 상대방의 말을 주의 깊게 듣고, 말하고자 하는 의도를 정확히 파악하는 능력이 요구된다. 따라서 이러한 능력을 키우기 위해서는 그러한 경험을 주어야 하는 것이다. 이러한 경험을 통해서 사고력이 신장되고 이것은 토론 능력 향상과 글쓰기의 토대가 되는 것이다. 이러한 경험이 자주 주어졌을 때 토론 능력과 글쓰기 능력은 자연스럽게 신장될 수 있다.

셋째, 열린 마음으로 임해야 한다.

토론이 활성화되고 어떤 말이라도 할 수 있는 분위기가 되려면 서로 열린 마음이 전제가 되어야 한다. 따라서 토론을 하기 전에는 서로 친근해지고 마음을 열 수 있도록 간단한 게임이나 소개하기 등으로 부드러운 분위기를 만들어야 한다.

넷째, 교사의 간섭은 되도록 피하는 것이 좋다.

유아들이 토론을 하다보면 매끄럽지 못하고 어설픈 경우가 많다. 이럴 때 교사가 일일이 간섭하다보면 자유로운 토론의 전개가 어렵고 유아들의 토론 능력도 키워지지 못한다. 따라서 토론은 되도록 유아들끼리 전개해 나가도록 하는 것이 좋다. 시행착오를 거치면서 토론 능력은 신장된다. 교사가 지나치게 간섭하게 되면 유아들은 교사의 눈치를 보게 되기 쉽다.

다섯째, 다양한 방식으로 토론이 전개되도록 한다.

대집단, 소집단, 2인 토론 등 다양한 방식의 토론 기회를 제공해주는 것이 좋다.

여섯째, 토론을 한 뒤 논술을 해보도록 한다.

어떻게 보면 토론의 목적은 사고력, 확산적 사고 등 창의력 신장이고 더 나아가서는 글쓰기를 잘하는 것이다. 토론을 토대로 글쓰기가 이루어진다면 유아들은 훨씬 쉽게 글쓰기에 접근할 수 있다. 자신의 생각을 정리해서 말하고, 다른 사람의 의견을 들으면서 자신의 생각과 비교도 해보는 과정을 거치면서 생각이 확대되고 그것은 글쓰기를 하는 데 큰 도움이 될 수 있다.

*찬반 논의형 문제 예

• 빼빼로 데이, 화이트 데이 등을 기념하여 친구들끼리 선물을 주고받는 것에 대해 어떻게 생각하는지, 구체적인 이유나 근거를 들어서 자신의 생각을 적으세요.

*위 문제에 대한 논술

1 서론
• 논쟁점
• 나의 주장

2 본론
• 근거
• 바람직한 방안 제시

3 결론
• 주장을 재정리

02 문제해결형 논술

문제해결형 논술은 토의형이라고도 한다. 문제해결형 논술은 제시된 자료나 문제, 표, 그림 등을 참고하여 문제를 해결하는 것이다. 유아기 논술은 논술 쓰기의 요령이나 형식을 강조하기보다는 생각하는 훈련, 사고하는 방법을 익히는 것이 더 중요하다.

문제해결형 논술에서 가장 중요한 것은 주어진 문제의 문제점이 무엇인지를 파악하는 것이다. 문제점을 확인한 후에는 해결해야 할 점을 찾아보고 나의 생각과 생각의 근거(왜 그렇게 생각하는지)를 적는 것이 중요하다. 마지막에는 나의 의견에 대해 구체적 실천방안을 제시해보고 앞으로의 전망 등을 적는다.

*문제해결형 문제 예

- 아파트에서 강아지를 기르는 것에 대해 어떻게 생각하세요?

*위 문제에 대한 논술

1. 아파트에 무슨 문제가 있습니까?
2. 아파트에서 강아지를 기르는 것에 대해 어떻게 생각하세요? 나의 생각과 이유를 적어보세요.
3. 아파트에서 다른사람에게 폐를 끼치지 않고 강아지를 기를수 있는 방법들을 생각해 보세요.

03 독해형 논술

독해형 논술은 종합형이라고도 한다. 독해형 논술은 주어진 글이나 그림을 보고 문제를 스스로 찾아내고 자신의 생각을 적는 것이다. 따라서 자료 제시형 논술, 자료 추론형 논술이라고도 한다. 자료로는 신문, 사진, 그림, 만화, 녹음테이프 등이 있다.

*독해형 문제 예

• 신문 기사: 중국 사람들에게 한국 음식 중 좋아하는 음식에는 무엇이 있느냐고 물어보니 김치, 불고기, 인삼, 장류, 비빔밥, 삼계탕 순으로 나왔다.

*위 문제에 대한 논술

• 이러한 음식들이 중국인에게 사랑받는 이유는 무엇일까요? 이유를 제시하며 우리나라 음식의 우수한 점에 대해 적어보세요.

04 유아기 논술 지도의 실제

유아기 논술은 우선 유아에게 관심 있고 흥미 있는 주제로 자연스럽게 접근하는 것이 중요하다. 유아기 논술 지도는 사고력 향상에 초점을 두어야 한다. 이 시기의 사고력은 '상상력을 바탕으로 한 나의 생각'에 중심을 두는 것이다. 유아기는 여행이나 독서 등을 통해서 여러 가지 직 · 간접 경험을 하게 하고 여기서 이루어지는 상상력을 바탕으로 자기 생각을 정립할 수 있는 경험을 제공해 주는 것이 좋다.

유아기는 상상력은 풍부하나 자신의 생각을 논리적으로 정리하는 사고력은 부족한 편이다. 따라서 유아기에는 논술의 기본인 이유를 들어 말하고 쓰는 활동을 자주 하고 그것을 서로 공유하는 경험을 많이 하는 것이 바람직하다.

1) 발표태도 기르기

즐거운 마음으로 학습에 임하고 논리적인 사고형성을 위해 말하기 활동에 골고루 참여시키는 것이 좋다.

2) 책 읽고 인물이 한 일에 대한 나의 생각 쓰기

(1) 이유를 들어 생각하고 말하기

단계	질문하기	답하기
1단계	~에 대해 말해봅시다.	저는 ~에 대해 ~라고 생각합니다.
2단계	그렇게 생각하는 이유는 무엇입니까?	왜냐하면 ~이기 때문입니다.
3단계	나의 의견과 다른 사람의 의견을 듣고 생각한 것은 무엇입니까?	저는 ~라는 의견이 좋다고 생각합니다. 그 이유는 ~이기 때문입니다.

(2) 상상하여 나의 생각을 말하기

예를 들어 권정생 님의 글 『강아지 똥』이란 책을 읽고 다음과 같은 글을 써보게 할 수도 있다.

- 흙덩이와 참새의 말을 들은 강아지 똥의 마음은 어떠했을까요?
- 강아지 똥이 민들레를 위해 한 일을 보고 어떤 생각이 들었는지 자세히 적어보세요.
- 내가 만약 강아지 똥이었다면 어떻게 행동했을지 자세하게 적어보세요.

3) 동화를 소재로 한 논술

최근에는 동화를 단순히 읽고 이해하는 데서 더 나아가 동화 속 인물이 되어 인물이 한 일이나 생각에 대해서 나의 생각을 말하거나 글로 써보는 활동, 나라면 어떻게 했을지 상상해 이야기의 줄거리를 바꾸어보는 활동을 많이 한다.

4) 어떠한 인물에 대한 자신의 의견 정리

특정 인물이 한 일에 대해 자기의 생각을 적어보는 것이다. 인물이 한 일에 대해 자기의 생각을 적을 때는 비판적이고 논리적인 관점에서 인물이 한 일을 비교하여 자신의 생각이 분명하게 드러나도록 해야 한다.

Chapter 5

토론을 통한 유아 논리 및 논술

01 토론 및 논술 교육의 필요성

미래사회는 고도의 창의성과 다양성, 융통성을 요구하는 지식기반 사회이다. 그러므로 21세기는 다른 사람과 더불어 살아갈 수 있는 공동체적인 자세와 일상생활에서 부딪히는 여러 가지 문제들을 합리적으로 생각하여 의사를 결정할 수 있는 창의적인 사고가 무엇보다도 중요하다.

유아교육기관 현장에서 창의적인 사고 능력을 신장시키기 위해서는 많은 자료의 준비 없이 신문이나 생활, 교육과정 속에서 문제를 찾아 의견을 교환하고 합리적인 의사결정을 할 수 있는 토론 및 논술 교육이 대안으로 모색될 수 있다.

토론이란 찬성하는 생각과 반대하는 생각의 충돌과정이다. 그 충돌과정에서 우리는 지혜를 얻고자 한다. '다른 사람이 나와 다른 생각을 할 수 있다'는 토론의 기본자세를 갖추고 주제에 대해 찬성과 반대를 논해야 한다. 이때 가장 지혜로운 이유를 찾아서 그 이유에서 나온 결론을 선택할 줄 아는 능력이 필요한 것이다.

타당한 근거를 제시하면서 자신의 주장을 펼쳐 나가는 토론 및 논술 능력은 합리적 판단 능력과 의사결정 능력, 논리적 사고력, 비판적 사고력, 창의적 사고력 등 다양한 능력을 종합적으로 기를 수 있는 것으로 짧은 시간에 길러지는 것이 아니다. 단순한 말하기 교육이나 글쓰기 교육으로 길러질 수 있는 것도 아니다.

토론이나 논술을 잘하려면 일상생활 속에서 부딪히는 문제를 예사롭게 보지 않고 민감하고 정교하게 생각해보고 알고 있는 지식을 관련시켜서 합리적인 가치 판단을 내릴 수 있도록 지도하는 과정이 매우 중요하다.

02 토론

토론은 정과 반의 대립을 전제로 하는 논쟁으로서 문제에 대한 해결안의 모색을 시도하는 토의와는 달리 이미 나와 있는 해결안에 대한 찬반 혹은 가부를 결정하는 것이다.

토론은 자신의 견해를 상대편에게 설득하여 납득시키는 시도이며 규칙에 의거하는 논의이며, 특히 논리적인 사고방법의 전개이다.

찬반토론은 자신의 생각으로 이야기하지 않으면 안 된다. 자신의 생각이 아닌 지지나 반박은 대립관계에 있는 토론자에게 즉시 반격을 당한다. 여기서 자신의 이야기가 아니었다면 이 같은 반격에 대응할 방법이 부족해진다. 따라서 찬반 토론자들은 열심히 토론에 대한 준비를 하고 나오거나 포기하거나 둘 중 하나를 선택할 수밖에 없다. 찬반토론의 이 같은 강력한 자기 주장의 속성은 이를 지켜보는 사람의 사고체계에도 영향을 준다. 그것은 날카로운 분석력과 개념과 개념 사이의 논리성이나 모순성을 이끌어내게 하고 주장한 결론으로부터 추론하여 더 깊숙이 감추어졌던 다른 주장을 발견한다.

토론이란 용어는 학자에 따라서 다양한 의미로 사용되고 있으나 대체로 토론이란 '어떠한 목적을 위하여 두 사람 이상이 생각이나 정보를 교환하는 과정' 이라 할 수 있다. 이를 다시 말한다면,

첫째, 토론은 의도적이다.

둘째, 토론은 통상 체계적이고 논리적인 계획에 따른다.

셋째, 토론은 대화과정이다.

넷째, 토론에서는 주제와 관련이 있는 가능한 모든 아이디어, 사실, 의견들이 고

려되어야 한다.

다섯째, 토론은 집단과정을 필요로 한다.

여섯째, 토론에서는 집단구성원 간의 지도성의 공유가 요구된다.

토론에는 의사교환인 대화, 논전, 논쟁, 잡담, 일문일답식 수업이 포함되어 있고 나아가 면담과 협상에까지 확대되어질 수 있다. 그러나 토론을 전제로 한 학습에서는 둘 또는 그 이상의 사람들 간에 구두로 의사교환을 하는 집단적 상호작용을 의미한다.

따라서 '토론' 이라는 용어는 교실 내 상호작용의 전반적인 형태를 의미하는 것이 아니라 의사교환의 특별한 유형을 지칭하기 위해 사용되는 것이므로 일문일답식 수업이나 대화가 아닌 집단적 상호작용의 한 형태로 보아야 한다. 그러므로 토론은 공동적 의문에 대한 집단적인 문제제기이며 의문을 함께 해결해 나가는 과정이다.

토론은 숙달하기 어려우나 숙달되면 큰 도움이 되는 것으로 토론을 중요시해야 할 필요성을 살펴보면,

첫째, 토론은 스스로 논의를 구성하고 자신의 주장을 방어하는 적극적이고 능동적인 자세를 육성하는 데 필요한 기법이다.

둘째, 토론을 통하여 다른 사람의 의견을 경청하고 진정으로 받아들일 수 있는 아량을 습득하여 사회생활에서의 성숙성을 함양하는 데 도움이 된다.

셋째, 토론은 자신의 생각을 논리적으로 구성하여 조리 있게 발표함으로써 상대방을 설득하는 데 그 목적이 있으므로 사고력 신장과 의사표현 능력의 발달에 도움이 된다.

넷째, 교섭 능력과 임기응변 능력을 신장시킬 수 있다.

다섯째, 상대방의 말의 옳고 그름을 판단하는 비판적 사고력과 경청하는 자세,

다양한 각도에서 사고하는 능력을 길러준다.

여섯째, 문제의 모든 정보에 대한 종합적 접근을 시도하면서 지식을 통합하는 능력과 당면 문제에 대한 조사 분석 및 문제의 본질을 파악하는 능력이 향상된다.

일곱째, 리더십 함양과 건전한 비판정신, 판단력 등 민주시민자질을 함양시킬 수 있다.

여덟째, 토론은 대인관계 능력을 기르는 데도 도움이 된다.

아홉째, 상대방의 의견을 존중하는 태도와 자신의 주장을 체계적으로 말할 수 있는 능력을 기를 수 있다.

03 의사결정

의사결정이란 특정한 문제의 해결을 위하여 여러 개의 대안들 중에서 하나를 선택하는 행위라 할 수 있다. 의사결정은 '합리적'이어야 하는데 허스트와 피터스(Hurst & Peters, 1983; 문인원, 1988 재인용)는 개인적 의사결정과정을 6단계로 정리하였다. 1단계는 해결해야 할 문제가 무엇인지를 인식한다. 2단계는 문제를 정확하게 정의하는 것으로 문제의 진술, 과학적 정보수집, 가치의 문제 등을 검토한다. 3단계는 대안을 개발한다. 4단계는 대안들을 평가한다. 5단계는 대안을 선택하고 그에 따라 행동한다. 6단계는 그 결과를 평가하는 단계이다.

특정 문제에 대해서 집단적으로 의사결정을 하는 경우도 있다. 이것은 결국 다수결에 의한 결정을 따른다.

그러나 이러한 집단 의사결정은 구체적으로 집단 내에서 어떤 과정을 거쳐 집단

합의가 도출되는지에 관해서는 아무런 정보를 제공해주지 못한다. 또한 교육적 상황에서는 다수결에 의한 집단 의사결정과 승복정신보다는 집단적 문제해결을 위한 구성원 간의 의견교환을 통한 사회적 기능과 타협정신의 신장이 강조될 필요가 있다. 즉 다수결의 원리가 필요할 때도 있지만 집단의사결정을 통해 활발한 토론을 조장하는 방식이 권장된다.

04 논술

논술은 비판적이고 창의적인 사고 능력을 키워줌으로써 생활 주변에서 일어나는 여러 가지 문제를 스스로 파악하고 합리적으로 해결할 수 있도록 도움을 준다. 그러므로 논술을 통해서 논리적이고 합리적인 사고를 기르고 이를 바탕으로 일상생활 속에서 좀 더 합리적인 행동을 할 수 있게 도움을 준다.

논술의 특징을 살펴보면 다음과 같다.

1) 제시된 문제 상황에 대해 자신의 생각을 밝히는 글이다

- 문제의 핵심을 정확히 알고 자신의 생각을 밝히는 글이다.
- 자신의 견해는 일반적인 것에서 더 나아가 참신하고 독창적인 것이면 더욱 좋다.
- 주어진 문제에 대한 글에서 주제가 벗어나지 않도록 해야 한다.

2) 자신의 주장을 뒷받침하는 근거가 필요한 글이다

- 자신의 주장은 그 특징이 뚜렷하고 근거가 있어야 한다.
- 주장을 나열하는 데 그치지 말고 반드시 근거를 대어서 타당화할 수 있도록 한다.
- 그러나 근거가 너무 많으면 근거의 선명성이 떨어질 수도 있다.

3) 구성이 논리적이어야 한다

- 자신의 주장이 일관적이고 통일적이며 그 근거가 합당해야 한다.
- 논술에 익숙해지면 서론–본론–결론의 형식을 자연스럽게 지도한다.

4) 시간과 분량의 제약을 받을 수 있다

- 원래 논술은 시간과 분량의 제한이 있으므로 익숙해지면 시간과 분량을 적절히 제한할 수도 있다. 이를 통해 순발력 있는 사고를 촉진시킬 수도 있다.

05 토론 및 논술 지도의 실제

1) 토론 및 논술 활동의 순서 및 방법

가치탐구지 제공(문제 제시)(개별 활동)-토론하기(대집단 또는 소집단)-논술하기(개별 활동)-평가하기(대집단 혹은 소집단)

2) 토론 태도 및 기술 익히기

토론에 앞서 토론을 하기 위한 기본적인 태도 및 기술을 익히도록 한다.

- 듣는 힘 기르기(말하고자 하는 주요한 의도 알기)
- 논리적으로 생각하는 힘 기르기
- 자기 생각을 말하는 힘 기르기 등

3) 토론 진행법 익히기

(1) 대집단 토론

전체 유아를 대상으로 교사가 다음과 같은 순서로 토론을 전개할 수 있다.

- 가치탐구지에 대한 개별적 글쓰기나 말하기
- 가치탐구지의 질문 순서에 따라 토론하기

- 토론 주제를 충분히 인지시키기
- 토론 진행자는 자신의 의견을 밝히지 않기
- 토론 참여자는 찬성 또는 반대의 입장에서 참여하기
- 찬성과 반대의 입장에 있는 사람의 수가 비슷하지 않을 때는 적은 수의 입장에 있는 사람에게 발언권을 많이 주어서 발언의 수를 균형 있게 맞추기
- 찬성 또는 반대 이외의 입장이 있다는 것도 상기시키기
- 소수의 유아가 발언을 독점하지 않도록 하기
- 의견발표를 꺼리는 소수의 유아에게는 가까이 접근해서 대화하듯이 질문하기
- 발언이 논점에서 벗어나지 않는지 주의 기울이기

(2) 소집단 토론

소집단 내에서 유아들이 자율적으로 토론하도록 하고 마지막에 종합토론을 하도록 전개한다.

- 한 집단을 5~7명으로 구성하여 마주보고 앉기
- 팀장이 토론 시 유의사항, 시간 등 알려주기
- 기록지에 팀원 이름 전부 적기
- 본격적인 토론에 들어가기 전에 각자가 생각하고 질문에 답을 할 수 있도록 개별시간 주기
- 가치지의 질문 순서대로 토론을 진행하기
- 팀장이 자신의 주장을 강력하게 주장하지 않기
- 전체 종합토론에서 발표할 수 있도록 나온 의견을 정리해두기

4) 논술 지도법

논술은 다음과 같은 순서로 자신의 생각을 쓰도록 지도한다.

(1) 문제 확인

문제(논제)를 확인한다.

(2) 브레인스토밍

문제와 관련하여 여러 측면에서 생각 쓰기

(3) 나의 주장 정하기

자신의 주장을 문장으로 쓰기

(4) 근거 나열하기

근거들이 논리적이며 유기적으로 연결될 수 있도록 배열하기

(5) 글의 개요 작성하기

글의 개요를 적어보기

(6) 글쓰기

개요에 따라 글쓰기

(7) 수정, 보완하여 완성하기

글 전체를 검토하고 수정, 보완하기

Chapter 6

NIE 지도를 통한 유아 논리 및 논술

01 신문의 이해

1) 신문의 개념

신문이란 일종의 대중매체로 신문사가 매일 발행하는 뉴스나 지식, 정보, 논평, 광고 등을 문자, 사진, 그래픽 등으로 편집하여 정기적으로 독자들에게 제공하는 인쇄물을 말한다. 한국 신문협회는 '넓은 의미로는 '신문지를 매체로 하는 언론'을 말하고, 좁은 의미로는 전달매체의 하나인 '신문지'를 의미한다.' 라고 정의하고 있다(한국신문협회, 2006).

국어사전에서는 '새로운 사건이나 화제 등을 신속하게 보도, 해설, 비평하여 매일매일 또는 일정기간을 두고 전달하는 정기간행물'로 정의하고 있다. 또한 '정기간행물 등록 등에 관한 법률'에서는 '정치, 경제, 사회, 문화, 시사 등에 관한 보도, 논평 및 여론 등을 전파하기 위하여 매일 또는 일정 기간을 두고 발행하는 간행물'로 신문의 정의를 내리고 있다.

'신문(新聞)'을 문자 그대로 정의 내린다면 '새로운 소식을 듣는다'는 뜻이다. 영어인 '뉴스페이퍼(newspaper)'도 '새로운 소식(news)을 종이(paper)에 옮겨 전한다'는 의미이다. 그러나 최근에는 인터넷의 급속한 보급으로 매체에 대한 정의는 광범위해졌다고 볼 수 있다.

신문은 근본적으로 의사소통의 장이고 최신 학습지이자 교과서라고 할 수 있다.

2) 신문의 기능

(1) 보도 기능

보도 기능은 정치, 경제, 사회, 문화 등 우리 주변에서 매일매일 일어나는 여러 분야의 사건, 사고를 객관적이고 사실 그대로 알려주는 것으로 신문의 가장 중요하고 본질적인 기능이라 할 수 있다. 독자는 신문에 난 기사를 근거로 하여 여러 현상들을 알고 판단한다. 이러한 신문의 순기능은 정보 제공, 역사적 자료 제공, 사회규범 강화, 윤리적 판단근거 제공 등이다. 그러나 역기능으로는 정보의 범람으로 인한 사회적 무관심, 과장보도와 해설 없는 보도로 인한 사회혼란, 의도적인 왜곡 등이 있을 수 있다.

(2) 여론형성 및 계도 기능

신문은 자연스럽게 보도된 사실이나 사안에 대한 신문사의 견해를 나타내어서 독자들이 스스로 판단할 수 있도록 한다. 보통은 사설이나 칼럼, 논평 등이 이 기능을 수행한다. 이러한 신문의 순기능으로는 정권의 정통성 강화, 사회의 나아갈 방향 제시, 사회의 바람직한 변화 유도 등이 있다. 역기능으로는 신문사가 원하는 방향으로 여론 조성, 획일화 조장, 신문사의 선전도구로 이용됨, 군중심리를 이용하는 것 등이 있을 수 있다.

(3) 오락 기능

만화, 연예, 스포츠 기사, 피처 기사(feature, 읽을거리) 등 다양한 방법으로 독자를 즐겁게 할 수 있는 가벼운 읽을거리를 제공한다. 이러한 신문의 순기능으로는 긴장감 해소, 문화실조 해소, 문화성장 및 발전촉진 등이 있다. 역기능으로는 상업성, 오락 추구, 선정적 보도로 인한 독자의 이성적 판단 흐림, 대중 취향의 저속화 가능성 등이 있다.

(4) 광고 기능

광고주들이 신문을 이용하여 상품과 시장정보를 제공하고 독자는 여기서 정보를 얻고 신문사는 광고수익을 올린다. 최근의 광고는 시대성과 문화를 반영한다. 이러한 광고 기능의 순기능으로는 신문사의 재원 마련, 새 상품 소개, 소비활동을 활성화시켜 상업발전에 기여 등이 있다. 역기능은 광고주의 눈치를 보게 되어 광고주의 비리를 다루기가 힘듦, 왜곡된 소비문화 조장 등이다.

3) 신문의 구성요소

사회가 복잡해지고 발달할수록 정보의 양도 많아지고 복잡해진다. 따라서 최근에는 신문의 지면도 늘어나서 섹션지까지 포함하면 거의 60면에 이른다. 이것은 사회가 다양해지고 복잡해지면서 독자들이 요구하는 정보가 많아짐에 따라 그에 부응하는 정보를 제공하기 위해서이다. 신문은 다른 매체들보다 훨씬 더 많은 양의 정보를 실을 수 있기 때문에 심층보도가 가능하다는 점이 가장 큰 매력이라 할 수 있다. 독자는 신문을 통해 사회현상과 정보를 알고 이러한 과정에서 자신의 견해를 갖게 되며 정보 선택과 활용의 능력을 갖춘다. 신문의 구성요소와 특성을 알게 되면 신문을 좀 더 효과적으로 읽고 활용할 수 있다.

(1) 기사

기사는 주제에 따라서 정치, 경제, 사회, 문화, 스포츠 등으로 나눈다. 뉴스 기사는 우리 주위에서 일어나는 사건이나 현상을 뉴스 가치나 보도원칙에 맞도록 재구성한 것이다. 뉴스 가치란 어떠한 사건이 뉴스로서 지니는 여러 가지 속성을 말한다. 뉴스 가치는 많은 사건 사고 중에서 뉴스를 골라내는 기준이 된다.

뉴스는 시간적으로 최근에 일어나야 하고(시의성), 독자들이 심리적, 지리적으로 가깝다고 느껴야 하고(근접성), 평범한 사람보다 유명한 사람에 관한 것이어야 하고(신기성), 재미있어야 하고(흥미성), 유용해야 하고 조화보다는 갈등을 지향한다. 기사는 공정성과 객관성을 유지하면서 간결하게 작성해야 한다. 보도 기사는 사실과 의견이 분명히 구별되어야 한다.

(2) 사진, 그래픽

사진은 신문에서 중요한 부분이다. 신문 편집과 신문의 상품 가치에 있어 사진은 중요하다. 또한 사진은 현장성과 생동감이 있어야 한다. 사진의 종류로는 사건 사고 현장사진, 스포츠, 정치, 행사, 인물, 동물, 공연, 패션 사진 등이 있다. 신문의 사진은 기사의 설명과 같이 실리는 경우가 있고, 기사와 관련되어 사진이 실리고 사진 설명도 함께 실리는 경우가 있다.

1990년대 이후 신문에서 자주 보이는 것이 그래픽이다. 신문은 그래픽을 사용하여 정보를 시각화하였다. 그래픽의 종류는 그래프, 차트, 레터링(글자 디자인), 지도, 일러스트(삽화) 등이다. 통계나 장소 등을 알려주는 기사는 글만으로는 이해하기가 어려우므로 이때 그래프나 표 등을 이용하면 정보를 시각적으로 알아보기 쉽게 전달할 수 있다.

(3) 만화

만화는 시사문제를 다루는 시사만화와 특정한 주제를 압축하여 풍자하는 회평(카툰)이 있다. 만화는 현재 사회의 상황을 압축하여서 시대정신과 신문의 입장을 반영한다. 신문이나 작가의 생각을 풍자적으로 압축하여 독자의 공감을 끌어낸다. 따라서 만화를 '촌철살인의 미학' 이라고 한다.

(4) 광고

광고주가 신문에 자신의 회사 상품이나 이미지 등을 선전하는 것을 말한다. 광고는 신문사 수입의 중요한 부분이고 상품의 정보를 전달하는 역할도 한다. 광고는 형태별로 전시 광고, 기획 광고, 안내 광고, 돌출 광고로 나누어진다.

4) 신문 읽기

신문은 다양한 시사를 알기 위한 가장 효과적인 매체이다. 시사란 '그 당시 일어난 일', '그때그때의 세상의 정세나 사건의 정황' 을 말한다. 매일 나오는 수많은 뉴스들이 모두 시사에 해당된다. 신문을 읽는다는 것은 기존 지식에 새로운 정보를 더하여 종합해서 이해하고 체계적으로 정리하는 과정이라고 할 수 있다. 신문을 읽으면서 새로운 정보를 알고, 다른 사람의 생각도 알게 되며, 자신의 생각과 연결하여 종합적으로 정리할 수 있게 되어 자신의 견해를 정립할 수 있게 된다.

논술에 필수적인 비판적, 체계적, 창의적 사고력은 직접, 간접의 여러 경험에서 나온다고 할 수 있다. 자신의 주장을 정당화 시키려면 합당한 근거와 이유를 대야 하는데 이때 필요한 것이 직 · 간접 경험이다. 창의적인 발상을 하려면 독서가 밑

바탕이 되어야 하고, 다른 사람과의 사고의 공유를 통해서 자신의 생각을 체계적으로 정리하며, 그것을 논리적으로 표현할 수 있어야 한다.

현재는 영상시대가 되어서 글을 읽을 기회가 현저히 줄어든 것이 사실이다. 그러나 인간은 문자를 접할 때 깊이 사고할 수 있다. 영상은 빨리 지나가기 때문에 사람들에게 비판이나 사고를 할 시간을 충분히 주지 않는다. 사고를 많이 하려면 영상보다는 문자를 가까이 해야 한다.

신문은 다양한 정보와 읽을거리를 제공하고 비판적인 논설이 많이 나오므로 논리 및 논술을 공부하기에 좋은 도구이다. 신문을 통해서 사고력과 문제해결력, 교양, 인격, 국제감각 등을 기를 수 있다. 매일 6~7개의 신문을 읽는다는 미래학자 앨빈 토플러는 신문에서 미래를 예측하는 통찰력을 얻는다고 했다.

(1) 신문의 구성요소와 형식

신문 기사는 독자에게 윤곽을 보여주는 시작 부분, 시작 부분의 내용을 설명하고 보강하는 내용 부분으로 나뉜다.

제목은 표제(headline)라고 한다. 신문 기사의 제목은 책의 제목과 같다. 제목은 기사의 내용을 함축한 것이다. 이러한 제목은 독자로 하여금 신문을 읽고자 하는 동기를 유발시켜서 기사를 읽을지, 안 읽을지를 결정하게 해준다. 또한 신문 읽는 시간을 줄여줄 수 있다.

리드(lead)는 기사의 첫 문장으로 전체 기사의 내용을 요약한 것이다. 리드에 주요정보를 요약 · 배치하는 것은 신문 기사의 특징이다.

본문(body)은 기사에서 제목과 리드를 제외한 부분이다.

보도 기사(뉴스 기사)는 사건, 사고를 사실적이고 객관적으로 서술한 기사이다. 시사성이 큰 내용을 다루기 때문에 신속성과 정확성이 생명이다. 사건, 사고의 핵심을 신속하고 정확하게 전달해야 하므로 육하원칙에 의해 글을 쓴다.

해설 기사는 독자들의 안목을 높여주는 기사이다. 사건을 순서대로 설명하고 원인이나 의미 등을 분석하고 전망을 하는 내용이다. 관련 기사와 같이 읽게 되면 도움이 된다.

기획 기사는 특별히 이슈가 될 수 있는 내용을 독자에게 제공하기 위해 작성하는 기사이다. 시간을 다투는 보도 기사와 달리 아주 심층적이고 분석적으로 접근이 된다. 기획 기사나 특집 기사는 특별한 이슈에 대해 그것이 일어난 원인과 배경, 외국의 사례, 영향, 문제점과 해결 방안 등을 종합적이고 심층적으로 다룬다.

인터뷰 기사는 특정인을 만나서 그의 얘기를 다룬 기사이다.

사진은 신문의 내용구성에서 중요한 부분이다. 현장감 있는 사진과 육하원칙의 사진설명은 그날의 가장 중요한 이슈를 말해준다.

광고는 상품홍보를 하는 것이다. 그러나 사회의 유행과 문화를 반영하고 사회에 미치는 영향도 크다. 광고는 독자들에게 유용한 정보를 제공해줄뿐 아니라 구인·구직자들에게는 매우 중요한 정보가 된다.

(2) 신문을 어떻게 읽을까?

신문은 글을 읽는 기회를 제공한다. 우선 글을 정확히 읽고 사실과 의견을 정확하게 파악해야 토론 및 논술이 이루어질 수 있다. 신문도 신문의 특성을 고려하여서 읽는 것이 좋다. 먼저 기사 제목이나 사진을 전체적으로 한번 훑어본다. 신문은 전체를 한눈에 볼 수 있는 일관성을 가지고 있어 제목만 보아도 그날의 이슈를 알 수 있다.

각 섹션별로 자신에게 흥미 있는 정보를 뽑아 먼저 읽을 수도 있다.

신문은 신문사의 입장에 따라 같은 사건이라도 다른 시각에서 다룰 수 있다. 그러므로 한 신문사의 기사와 견해를 맹목적으로 읽기보다는 다양한 시각에서 기사를 이해하는 것이 바람직하다. 즉 어떠한 신문사의 기사를 볼 때는 다각적이고 비판적인 시각이 필요하다는 것이다. 사진도 기자의 의도가 담긴 것이므로 비판적으로 읽을 필요가 있다.

사설은 '신문사의 입장을 대변하는 것' 으로 신문의 심장이라 할 수 있다. 신문사에서 신문의 1장 다음으로 중요시하는 것이 사설이다. 신문의 사설은 짧은 분량으로 신문사의 주장을 담고 있으므로 과격해지기도 하고 생각이 한쪽 방향으로 흐르기도 한다. 따라서 사설은 객관적이고 비판적으로 읽는 태도가 중요하다.

신문 기사는 육하원칙에 따라 읽고 사건의 원인과 결과를 찾아가면서 읽는 것이 중요하다. 또한 '왜?' 라고 질문하면서 읽는 것이 좋다. 글쓰기의 육하원칙 중에서도 '왜' 라는 질문은 가장 마지막 질문이다. 왜 이 기사가 중요하게 혹은 덜 중요하게 다루어졌는지, 과장되거나 축소되지는 않았는지, 신문사의 이익 때문에 광고주의 눈치를 보는 것은 아니지, 어느 쪽의 입지를 강화시키려고 내는 기사는 아닌지 등을 추론하면서 읽는다.

미숙한 독자는 신문의 액면 그대로를 받아들이지만 능숙한 독자는 신문의 숨겨진 의도를 파악하고 비판적으로 읽는다.

02 NIE의 이해

1) NIE의 개념

NIE란 'Newspaper In Education'의 약자이며 '신문을 교재 또는 보조교재로 활용하여 지적 성장을 도모하고 학습효과를 높이기 위한 교육'을 의미한다.

신문을 가르치려면 신문의 제작 과정과 신문의 구성 요소를 이해하도록 해야 한다. 신문의 제작 과정은 취재, 기사 작성, 편집, 조판, 인쇄, 가정배달의 순서이고, 구성요소로는 기사, 사진, 시사만화, 광고 등이 있다.

신문을 활용하여 가르치는 방법으로는 지식과 정보를 학습하기 위한 신문의 구성요소별 내용을 활용하는 것, 합리적인 의사표현을 위해 신문의 구성요소별 특성을 활용하는 것, 정보의 수용과 정보를 대하는 태도를 배우기 위해 객관성, 공정성, 신속성 등의 저널리즘 정신을 활용하는 것 등이 있다.

신문의 특성으로는 신속성, 정확성, 기록성, 정기성, 다양성 등이 있다. 이러한 신문의 특성을 고려하면서 신문을 교육적으로 잘 활용할 수 있는 방안을 모색해보는 것이 중요하다. 교육 대상이나 교육 목적은 달라도 NIE의 핵심은 기사 내용 활용이다. NIE는 정보 찾기, 이해하기, 비판하기, 창조하기 등 이 네 가지가 주된 활동이다.

2) NIE의 시작

신문활용 교육은 미국에서 가장 먼저 시작되었다. 1795년 6월 8일자 '포틀랜드 이스턴 헤럴드(Portland Eastern Herald)'에서 '신문은 학교에서 사용할 수 있는 가장 값싸고도 정보가 풍부한 교재로서 학생들의 독해력과 지식을 높이는 데 유용하다.'라고 신문의 교육적 효과에 대한 언급하였다. 그 후 1932년 '뉴욕타임스(New York Times)'가 신문 활용을 촉진할 목적으로 정기적으로 교실에 신문을 배포하고 신문교육 프로그램을 개발하여 제공하면서부터 시작되었다. 1955년 아이오와 주 데모인 시 신문인 '디모인 레지스터(Desmoines Register)' 지에서 중·고교생을 대상으로 '문자 접촉 빈도 조사'를 하였는데 학생들의 30~40%의 학생이 '교실 밖에서는 전혀 책을 읽고 있지 않다'라는 결과가 나왔다. 이에 '레지스터' 지는 우려할 만한 사회문제로 청소년 문자기피현상을 들고 미국교육협회와 공동으로 NIC(Newspaper in Classroom) 운동을 펼쳤다. 그 후 1958년에 미국신문 발행인협회(ANPA)가 NIC 프로그램을 국가적으로 지원할 책임을 맡고 이 교육에 참여하는 신문의 수가 급증하였고 교사들은 신문 및 교육 자료를 무료로 제공받아 NIC가 매우 활성화되었다. 캐나다에서는 신문활용방법이 교실뿐 아니라 교도소, 기업체 등에서도 폭넓게 이루어지고 있었기 때문에 'NIE'라는 새 명칭을 사용하였다. 미국신문발행인협회(ANPA)도 1976년부터 이 명칭을 사용하면서 이 교육은 전 미국으로 확대되었다.

한국에서는 1994년 5월 한국신문편집인협회가 교육부 장관 앞으로 서한을 보내 청소년과 어린이가 어릴 때부터 자연스럽게 신문을 읽으면서 민주의식, 시민의식을 깨닫게 해야 올바른 민주시민으로 자랄 것이라고 말하고 학교 교육에 NIE를 도입할 것을 건의하면서 본격적으로 논의되었다. 이 협회는 NIE 운동을 적극적이고 효과적으로 전개하기 위하여 언론계와 교육계가 협력하는 방안을 국가시책으로 추진할 것을 제안했고, 그 구체적인 방법으로 신문 알기 교육, 신문 제작 실습, 신문을 통한 민주 교육, 전인 교육, 사회 교육, 시사토론 훈련 등을 제안했다.

같은 해 최초로 한국언론연구원이 고등학교 교사를 대상으로 NIE 연수를 하였고 1995년에 중앙일보가 종합일간지로는 최초로 NIE를 도입하고 관련 지면을 제작하여 각 학교와 가정에 보급해 오고 있다. 최근에는 유치원에도 NIE 교육이 확산되면서 NIE는 우리나라 교육과정에서 주요한 수업방법 중 하나로 여겨지고 있다. 다만 유치원에서 이루어지는 NIE가 전체적인 신문의 맥락을 읽고 이해하며 생각하고 토론하고, 논술하는 형태가 아니라, 사진이나 광고를 오려 와서 '신문의 사진이나 광고만을 활용하는' 단편적이고 부분적으로 이루어지는 형태가 많이 있는 것이 우려스럽다. 적어도 전체적인 흐름 안에서 신문의 구조와 내용을 파악하고 자신의 생각을 정리하며 그것을 공유하고 말이나 글로 표현해 보는 것이 생각을 키울 수 있는 바람직한 방향이라 여겨진다.

3) NIE 목적

세계 NIE의 큰 두 줄기는 문맹퇴치를 위한 교육적 목적을 지니고 있다. 아프리카처럼 절대문맹을 깨치는 것과 여러 선진국에서 나타나는 현상인 문자는 알지만 독해력과 글쓰기 능력이 떨어지는 '신문맹'을 없애고자 하는 것이다. 사람들은 신문을 통해 사회적 지식과 정보를 보는 안목을 키울 수 있다.

NIE 목적은 신문에 실린 정보를 활용하여 교육효과를 올림으로써 건전한 사고능력과 교양을 갖춘 민주시민을 양성하는 데 있다. 신문을 보면서 사회문제에 관심을 갖게 되고 다양한 의견을 접하면서 자신의 생각도 논리적으로 정립할 수 있게 된다. 이러한 과정에서 사람들은 자신의 생각을 합리적으로 할 수 있는 능력을 기르게 되고, 궁극적으로 스스로를 이끌어 갈 수 있는 능력도 가질 수 있게 된다. 교과서와는 달리 신문에는 날마다 새로운 정보가 풍부하다. 그러므로 신문으로 교과서를 보완해서 가르치자는 것이 NIE의 정신이다. NIE는 신문을 활용하되 정보를 능동적이고 비판적으로 받아들일 수 있는 힘을 키워 자신의 생각을 논리적으로 정립하고 이를 다시 재창조하여 다른 사람과 공유하는 능력을 길러준다.

4) NIE의 필요성

최근에는 영상세대라고 하여 정보를 주로 영상으로 간단하게 보는 시대가 되었다. 그 결과 인터넷이나 영상으로 보는 지식은 범위는 넓지만 깊이는 얕을 수밖에 없다. 따라서 자연히 영상세대는 깊이 생각하고, 심도 있게 글을 읽고 쓰는 능력이 떨어진다. 순간순간 단편적인 정보의 습득에 익숙해지다 보니 전체적인 텍스트 활용 능력도 떨어진다. 그러나 학문의 기초는 문자를 심도 있게 읽고, 생각하고, 그것을 표현하는 것에서부터 출발한다. 영상세대는 읽는 것뿐만 아니라 쓰는 것도 힘들어 하는데 신문을 활용한 논리 및 논술 교육은 읽기와 생각하기, 표현하기, 공유하기 등의 능력을 향상시켜줄 수 있다.

또한 교과서를 보완해주는 역할도 한다. 교과서는 교육과정이 개편되기 전까지는 그 체계가 변하지 않으므로 새로운 지식과 정보를 그때그때 반영하기가 어렵다. 요즘처럼 지식과 정보의 양이 급증하는 시대에 교과서를 보완해 줄 수 있는 학습매체로서 신문은 매우 효과적이라 할 수 있다. 신문의 지면은 다양하므로 어떤 주제에 대해서도 접근할 수 있어 유아교육기관에서 주제 중심 통합 교육을 전개할 때 적절한 하나의 매체가 될 수 있다.

NIE 학습은 활동의 선택권을 학습자가 가질 수 있으므로 능동적이고 자기 주도적인 학습이 될 수 있다. 자신이 관심 있는 주제 및 그에 따른 자료를 스스로 선택하고, 스크랩하며, 분류하고, 느끼기도 하면서 시행착오를 거치게 되고 이것이 결국은 자기 주도적인 학습 능력을 키워 나가는 것이다. 즉 NIE의 의의는 자신이 관심 있는 주제를 선정하고, 이를 읽고, 생각하며, 자신의 의견을 정립하고, 그것을 공유하면서 자기 주도적 학습 능력과 고등사고 능력을 기를 수 있다는 데 있다.

유아교육기관에서의 NIE의 필요성을 크게 두 가지로 말한다면 다음과 같다.

첫째, NIE는 교실 안의 작은 변화를 위해 필요하다.

유아들은 다양한 매체를 경험하고 간접적인 경험의 폭을 넓히는 것이 중요한데 신문으로 여러 가지 사회현상을 이해하고 자르고 붙이고 글로 적어보는 등의 활동을 함으로써 학습의 효과를 높일 수 있고 이것은 교실 안의 작은 변화를 가져올 수 있다.

둘째, NIE는 창의성, 사고력 신장에도 필요하다.

신문은 경직된 교육과정에 융통성을 부여하여 알고자 하는 지적 욕구를 자극하고 창의성과 사고력을 신장시킬 수 있다.

5) NIE의 효과

NIE 교육으로 기대되는 효과로는 지식, 이해, 적용, 분석, 종합, 평가의 인지적 효과와 가치의 수용, 이해, 인정, 형성, 적용의 정의적 효과 면에서 긍정적이다. 이

외에도 사회 전반에 관한 관심이 증대되고 정보 검색, 논리적 사고, 의사결정 능력, 읽기, 쓰기 등에서도 효과가 큰 것으로(중앙일보, 2007) 나타났다.

신문은 현장감이나 속보에서 TV에 떨어지고 또한 교육만을 위해 만들어진 매체가 아니라는 한계도 있으나 심층보도, 스크랩이 가능하다는 것 등 신문만이 가질 수 있는 특성이 있고 NIE 교육의 가치가 충분하다는 점에서 이를 잘 활용할 만하다고 하겠다.

03 유아 NIE

유아 교육의 목적은 신체, 정서, 사회, 언어, 인지 등의 발달을 도모하도록 해줌으로써 전인 교육을 하자는 데 있다. 따라서 이 시기에는 다양하고 풍부하면서도 자기 나름의 활동을 깊이 있게 할 수 있는 환경을 제공해주는 것이 필요하다. 특히 이 시기는 언어 능력이 매우 발달되는 시기이다. 이때 유아들은 말하기를 즐겨 하므로 자유롭게 자신의 생각이나 감정 등을 표현할 수 있는 기회를 제공해주는 것이 중요하다. 따라서 신문이라는 매체가 있다는 것을 알게 하고 이것을 전체적으로 유아들의 시각에서 훑어봄으로써 유아들에게 적합하고 흥미 있는 주제를 뽑아내고, 그것에 따른 자신의 생각을 정리하며, 생각을 공유하는 경험을 유아들에게 제공할 수 있다. 이러한 경험은 유아들에게 신문이라는 매체의 경험과 사회에 대해 알게 하고, 자신에게 관심 있는 정보를 뽑아서 읽거나 들음으로써 지식과 정보의 습득, 타당한 근거에 바탕한 자신의 생각 정리, 생각의 공유를 통한 사고의 확장과 논리적 사고발달 등을 도모할 수 있다.

1) 유아 NIE의 필요성

유아에게도 NIE 수업을 적절히 접근한다면 유용하다. 신문은 문자, 그림, 사진 등 다양하게 표현되어 있으므로 글을 읽지 못하는 유아들도 신문의 그림과 사진을 통해서 사회현상을 알 수 있고 자신에게 적합한 정보를 얻을 수가 있으며 그것을 통해서 의사소통을 할 수 있다.

신문에는 유아교육기관의 교육과정과 밀접한 사진이나 그림, 광고 등이 많이 있어서 이를 활용하여 NIE 수업을 진행할 수 있다. 또한 신문의 지면은 정치, 경제, 사회, 문화, 스포츠 등 그 영역이 다양하므로 한 주제에 대해 접근할 수 있는 주제 중심의 통합 교육을 하기에도 좋다.

유아교육기관에서 신문을 부분적으로 교육에 활용한다면 신문을 전체적으로 유아들과 보면서 지금 하고 있는 생활주제와 관련되거나 유아들이 관심 있어 하는 기사나 사진 등을 함께 찾는 것이 우선이다. 신문에서 유아의 수준에 맞고 생활과 관련된 부분을 찾고 이것을 가지고 여러 가지 NIE 활동을 한다면 신문 학습의 효과는 매우 커질 것이다. 신문의 여러 가지 사진이나 그림 등은 유아들의 감각과 상상력을 자극하고, 사회적 기사들은 유아들의 사고력과 합리적 문제해결력을 키우는데 좋은 자료이다. 특히 광고는 그 자체가 창의성의 결정체라 할 수 있다. 이러한 광고를 접하면서 나름대로 광고를 생각해보고 꾸며내는 것은 유아들의 창의성에도 도움이 된다.

2) 유아 NIE의 유의점

유아는 신문의 글자 크기가 작고 빽빽하기 때문에 신문이 어렵다고 느낄 수 있다. 유아의 경우 문자를 모를 수도 있고 다양한 글을 이해하기는 어려우므로 자신이 관심 있는 부분을 찾고 보는 정도에서 학습이 이루어진다. 따라서 유아에게 신문이 친근하게 느껴지기 위해서는 신문에는 유아가 아는 것도 많이 있다는 생각을 하게 해주고 교사가 제시하거나 자신에게 친근한 물건이나 사람 등을 신문에서 찾는 활동부터 하는 것이 좋다. 유아에게는 글자가 많은 기사보다는 사진이나 광고 등을 많이 활용할 수 있다. 신문 전체를 한번 보고 자신의 관심 부분을 오리고 붙이고 색칠하고 꾸미고 모으면서 자연스럽게 신문 전체와 친숙해지고 자라면서 사회문제에도 관심을 가지게 된다.

어른 중심의 신문이 유아에게 의미 있게 접근되려면 생활주제와 맞는 기사, 사진, 그림 등을 선택하고 이것을 유아 수준에서 개작하거나 꾸며볼 수 있다. 글자가 작으면 확대복사를 할 수도 있고 어려운 말은 교사가 설명해 줄 수 있다. 유아들이 신문을 보고 이것으로 학습하는 것이 즐겁고 의미 있는 경험이 되도록 한다.

유아에게는 쓰기의 부담을 주지 않고 기사나 사진을 보고 자신의 생각을 말하는 것부터 시작할 수 있다. 글자를 읽지 못하는 유아도 사진만 보고서 현상을 추론할 수 있다. 자신의 판단으로 추론하여 생각을 나타내는 것은 논술의 기초적 형태라 할 수 있고 생활 속에서 논술을 행하는 것이 된다. 두 개의 사진이나 그림을 비교하여 공통점과 차이점을 구분하고, 원인과 결과를 인식하며, 사회적으로 바람직한지 아닌지를 판단하고, 순서 설명을 해본다든지 하는 것은 모두 논리적인 사고이기 때문에 그런 의미 있는 활동을 계속 하면 논리적 사고와 유아 논술도 가능해진다.

3) 유아 NIE 활동을 통해 기대되는 발달

(1) 사회현상에 대한 이해

신문 전체를 보면서 신문이 어떠한 것인지를 알고 사회현상에 관심을 가지면서 신문과 친해질 수 있다. 도화지에 자신이 관심 있는 기사나 사진을 붙인 뒤 그 내용에 대해서 유아들의 생각을 말하거나 적도록 한다.

(2) 정서적 발달

신문에 나온 기사나 사진을 보고 자신의 느낌을 말하거나 다른 사람의 입장이 되어서 생각해보는 기회를 가짐으로써 타인을 이해하고, 자신의 감정을 확인하는 기회가 될 수 있다. 또한 사람의 얼굴사진을 보고 그 사람이 왜 이러한 얼굴표정을 하는지, 그 사람 마음은 어떠할지, 생각해보고 다양한 형용사를 섞어서 구체적으로 표현해볼 수 있다. 표정을 보고 의태어나 의성어로 말해볼 수도 있다. 좋아하는 음식이나 사람의 기사나 사진을 보고 그때의 기분을 구체적으로 말하거나 글로 쓸 수 있다. 기사를 읽고 자신의 생각이나 느낌을 말이나 글뿐 아니라 얼굴표정이나 날씨기호로도 나타낼 수 있다.

(3) 인성의 발달

인성 교육은 큰 틀에서 보자면 인간의 모든 특성을 바람직하게 골고루 개발하는 전인 교육이라 할 수 있다. 유아기 인성 교육에서 중요한 것은 기본생활습관, 도덕교육, 공동체 의식 함양 등이다. 신문은 여러 사람들과 사건을 다룬다. 신문에 실린 선행이나 감동적인 기사를 통해서 유아들은 그러한 일을 자연스럽게 본받게 된다. 또한 사회적인 문제에 대한 기사를 통해서는 무엇이 문제이고 원인과 해결방법은 무엇인지를 유아 수준에서 생각하고 말할 수 있게 한다. 한 가지 사건을 가지고 여러 사람 입장에서 생각해볼 수 있게 함으로써 공감적 이해의 폭을 넓히도록 한다. 유아들은 신문활용 교육을 통해서 사회현상을 이해하고 다른 사람과 국가, 세계를 더 잘 생각할 수 있는 건전한 가치관과 바람직한 인성을 함양할 수 있다.

(4) 창의성의 발달

창의성이란 새롭고도 기발하고 유용한 아이디어를 창출하려는 성향을 말한다. 창의성의 요인으로 미국의 심리학자 길포드는 문제의 민감성, 사고의 유창성, 유연성, 독창성, 정교성 등 5가지를 들었다. 신문활용 교육을 할 때 숨은 그림 찾기, 이상한 사진 찾기, 공통점과 차이점 찾기 등의 활동을 통하여 민감성을 기를 수 있다. 유창성은 기사나 사진을 보고 해결방안 생각하기, 기사나 사진을 보고 연상되는 말 생각하기, 사진 보고 질문이나 인터뷰 생각해보기 등이다. 융통성은 인물사진을 보고 색다른 질문하기, 물건 사진 보고 다른 용도 찾기, 입장 바꾸어 기사 쓰기 등이다. 독창성은 사진 강제 결합해서 이야기 꾸미기, 4컷 만화 완성하기, 상품 광고 만들기, 광고제품 보고 더 편리한 제품 구상해보기 등이다. 정교성은 기사나 사진을 보고 원인과 결과 찾아보기, 3행시 짓기 등이다.

(5) 논리적 사고의 발달

논리는 논의 등을 체계적으로 끌고 나가는 조리를 말한다. 논리력을 키우는 교육은 언어에서부터 출발한다. 자신의 의사를 말로 표현할 수 있는 5세 정도가 되면 유아 수준에 맞는 논리 교육을 시작할 수 있다.

자신만의 생각이 나타난 주관적인 판단, 제3자의 입장에서 사물을 보는 객관적 판단, 어떠한 사물을 보고 외연과 내연의 모습을 판단하고 구분하며 추리해보는 것, 서열화, 유사점과 차이점 비교하기 등이 논리 영역에 속한다.

(6) 언어적 발달

유아신문 활용 교육에서 가장 큰 효과를 기대할 수 있는 영역 중 하나가 언어 영역이다. 유아에게 NIE를 적용할 경우 어휘수가 늘어날 뿐 아니라 기사를 듣거나 읽고 자신의 생각을 말하면서 비판력과 글쓰기의 기초가 이루어진다. 문자를 모르는 유아에게는 글자놀이를 통해서 글자를 자연스럽게 접하게 해주고 들은 것을 그림으로 표현하게 할 수도 있다. 신문을 활용해서 문자 교육을 하면 그 내용이 친근감이 있고 생활에 관련된 기사가 많아서 유아들이 자연스럽게 접근할 수 있다.

(7) 수학적 개념의 발달

신문을 통해서 일 대 일 대응과 도형, 순서대로 숫자 놓기, 분류하기, 서열화, 통계 등의 활동을 할 수 있다.

4) 주제 중심 교육과정에서의 유아 NIE

주제 중심 교육과정에서 신문을 활용하면 유아들이 주제에 대한 폭넓은 지식과 간접경험을 쌓을 수 있어서 도움이 된다. 예를 들어 여름이 생활주제라면 여름과 관련된 브레인스토밍을 한다. 여름 음식, 여름에 사용하는 물건, 여름 행사 등의 소주제 아래 여러 가지 여름과 관련된 것을 열거한다. 그리고 거기에 해당하는 기사와 사진을 신문에서 찾아보고 오려서 소주제별로 붙여본다.

여름과 관련된 단어를 신문에서 찾아볼 수도 있고, 그 단어를 조합하여 짧은 글짓기나 동시를 지어볼 수 있다. 그 후 서로 자신의 글을 공유하고 그 느낌을 말이나 글로 표현해볼 수 있다. 여름휴가를 어디로 갈지 의견을 나누고 토론을 해볼 수도 있다. 이것은 논리적인 사고와 말하기 훈련이 될 수 있다.

여름에 관련된 동물이나 식물의 사진이나 기사를 찾아보고 거기에 대해 좀 더 깊이 탐구해볼 수 있다. 그 후 동물이나 식물을 종이접기로 표현해보거나 그림과 글로 표현해볼 수 있다.

'일기예보' 란에서 날씨를 보고 여름 날씨의 특징을 말이나 글로 표현해볼 수 있다.

여름 관련 TV 프로그램을 찾아보고 내가 여름 관련 프로그램을 만든다면 어떤 것을 만들 수 있을지 생각해보고 말로 표현한다.

이러한 방법으로 주제 중심 교육과정에서 유아들의 활동을 전개해 나갈 수 있다.

일기예보란 하나를 가지고도 여러 가지 활동을 전개해 나갈 수 있다. 일기예보에는 우리나라 지도와 여러 가지 기호, 온도, 세계의 날씨, 날씨 관련 기사도 나온다. 날씨와 관련해서 속담이나 날씨의 종류를 말해볼 수 있다. 또한 자신의 기분을 날씨기호로 나타내보고 말로 구체적으로 표현해볼 수 있다. 다양한 날씨를 여러 가지 다양하고 구체적인 문장으로 써보게 할 수도 있다. 날씨 이야기가 나오는 시나 동화를 찾아 읽고 자신의 느낌을 말이나 글로 나타내볼 수 있다. 또한 날씨에 따른 자신의 경험을 말이나 글로 표현해볼 수 있다. 가령 소풍을 갔는데 비가 갑자기 왔다든지, 태풍으로 정전이 되어 집에서 촛불 켜고 있었다든지 하는 경험을 말이나 글로 구체적으로 표현해본다. 기상캐스터가 되어서 일기예보를 해볼 수도 있다.

날씨에 따라 생길 수 있는 질병에 관해서도 공부해볼 수 있고 수재민이 생겼을 경우 이를 돕는 여러 가지 방법에 대해서도 생각하고 말해본다. 날씨에 따라 집과 음식의 종류는 어떻게 바뀌는지, 직업에 따라 좋아하고 싫어하는 날씨는 어떻게 다른지에 대해 생각해보고 그 이유를 구체적으로 말해볼 수 있다.

이렇듯 일기예보만 가지고도 생각거리와 말할 거리, 적을 거리가 생길 수 있다.

5) 지면별 유아 NIE 논술 지도 활동

(1) 기사를 활용한 유아 논술

제목을 보고 본문에 무슨 내용이 나올지 생각해서 기사 써보기, 신문의 기사 중 육하원칙의 요소들을 찾아서 발표해보기, 기사의 뒷이야기를 말하거나 적기, 기사를 읽고 간추려서 중요한 내용을 말해보기, 기사에 등장한 인물에 대해서 나름대로 생각하고 적어보기, 사건의 원인과 결과를 알아보고 말로 표현해보기, 어린이 책에 대한 안내 기사를 보고 자신이 책안내 기사 써보기, 인터뷰 기사를 읽고 그 인물에 대한 생각 적기, 미담을 보고 자신의 생각을 말하거나 적어보기, 앵커가 되어 기사를 전달해보기

(2) 사진을 활용한 유아 논술

사진에 나온 인물의 표정을 보고 그런 표정을 지은 이유를 말해보기, 사진 속 인물의 표정을 보고 그 사람의 감정과 상황을 추론해보기, 기뻐하는 사람의 사진을 보고 축하하는 말이나 글 적기, 슬퍼하는 사진을 보고 위로의 말이나 글 적기, 사진 보고 자신의 느낌 이야기하기, 상황이 다른 사진 몇 장을 오려 붙이고 강제결합해서 한 편의 이야기 만들어보기, 육하원칙에 맞게 사진을 설명해보기, 편리하지만 위험한 물건 찾고 그 이유를 설명해보기, 어떤 사람이 왜 신문에 났을지를 추론

하여 말해보기, 미래에 되고 싶은 사람을 신문에서 찾아서 그 이유와 그렇게 된다면 무엇을 할지를 말하거나 글로 적기, 신문에 난 다양한 장소를 보고 어떠한 일을 하는지를 말해보기, 사진을 보고 그때의 상황을 설명해보기, 사진을 보고 상황을 설명해 본 뒤 앞뒤 상황을 추론해보고 말이나 글로 적기, 여러 장의 사진을 보고 비슷한 사진을 비교하여 공통점과 차이점을 설명하기, 물건의 이름을 바꾸어 짓고 그 이유를 설명하기, 사물을 의인화하여 생각하게 하고 대화 나누어보기

(3) 광고를 활용한 유아 논술

부모님에게 선물하고 싶은 광고를 찾고 그 이유를 설명해보기, 여러 광고 중에서 자기가 좋다고 생각하는 광고를 찾고 그 이유를 설명하기, 내가 좋아하는 TV 프로그램의 이유를 설명하고 그 프로그램에 대해 소개해보기

(4) 만화를 활용한 유아 논술

네 컷 만화를 순서를 달리해서 놓아두고 이야기 만들어보기, 만화의 주인공이 나라면 하고 생각해보기, 만화의 줄거리를 다시 만들어서 말해보기

6) 질문을 활용한 유아 NIE 논술 지도 활동

유아 논술에서 가장 중요한 것은 질문거리들을 유아 스스로 찾아내고 궁금증을 갖는 것이다. 그러기 위해서는 교사 스스로 다양한 의문을 가져볼 필요가 있다. 훌륭한 교사는 정답을 가르쳐 주는 것이 아니라 질문을 던져 유아들이 사고하게 끔 하는 것이다. 교사가 던지는 질문은 학습자의 사고과정과 반응을 결정짓고 사

고력을 향상시킨다. 글을 읽을 때나 말을 들을 때 질문을 만들어 가면서 읽으면 더욱더 집중한다. 말이나 글에 집중한다는 것은 이유 대기, 추론 형성을 잘 하도록 한다.

교사의 질문은 유아가 대답할 수 있는 구체적이고 수준에 적합한 질문이어야 한다. 개인보다는 팀 수업이 좋은데 서로의 생각을 공유함으로써 주관성에 빠지지 않고, 지식과 경험과 생각을 서로 비교하고 폭넓게 생각해볼 수 있기 때문이다. 사람마다 생각이 다르기 때문에 다양한 문제 해결책이 나올 수 있고 서로 틀림이 아닌 다름을 알고 더불어 살아가는 법도 깨달을 수 있다.

우선 신문의 기사나 사진들 중에서 가치를 함양할 수 있는 적절한 것을 선정해서 지문으로 읽어주고 교사나 유아가 함께 질문을 만들어본다.

(1) 질문 만들기

글을 읽는 것에는 사실적 읽기, 추론적 읽기, 비판적 읽기, 적용적 읽기, 창의적 읽기가 있다. 사실적 읽기란 글에 드러난 내용을 그대로 이해하는 능력을 말한다.

사실적 읽기를 잘 했는지(들었는지, 읽었는지) 확인하려면 사실적 질문을 해야 한다. 즉 누가, 언제, 어디서, 무엇을, 어떻게, 왜 같은 질문을 하고 대답하게 하는 것이다.

추론적 읽기는 글 속에 담겨진 배경, 상황 등을 미루어 짐작해서 이해하는 것이다. 추론적 읽기 능력을 키우기 위해서는 표면적으로는 드러나 있지 않은 앞으로 전개될 내용, 결론을 이끌어내는 능력을 요구하는 질문을 한다.

최고 수준의 비판적 읽기를 잘 하려면 글의 내용을 무조건 따르지 않고, 자신의 생각과 비교하면서 읽어야 한다. 비판적 읽기 능력을 향상시켜 주는 질문으로는 유아들의 생각을 자유롭게 끌어내는 개방적 질문을 하는 것이다. 이것은 사실문제보다는 가치의 문제를 다루기 때문이다.

적용적 질문은 대안을 제시한다거나 관점을 확장하여 다른 상황에 적용해 보는 등 발상 전환적 사고가 요구된다. 즉 주어진 글에서 배경이나 사건, 인물들의 상황을 다른 데 적용해본다거나 '나에게 이런 일이' 또는 '당신에게 이런 일이' 를 가정하여 생각해보는 것이다.

창의적 읽기는 제시된 글을 이해하고 이를 변형하거나 새롭게 표현하는 고차원적인 읽기이다. 창의적 읽기는 원작의 내용, 주인공, 시대 등을 바꾸어 표현하거나 원작에 없는 새로운 내용 만들어내기, 바꾸기 등의 활동이 포함된다.

(2) 질문 만들기 실제

① 사실보도 기사

사실적 읽기의 질문 유형으로는 '무엇에 대해 이야기하고 있습니까', '~에 대해 무엇이라 알고 있나요', '~라는 말은 무엇을 의미합니까', '이 사실에서 무엇을 알 수 있나요', '이 기사를 요약해보세요' 등이 있다.

추론적 읽기의 질문 유형은 '~라는 말은 어떤 의미일까요', '그렇게 생각하는 이유를 얘기해보세요', '왜 이와 같은 문제가 발생했을까요', '그 사람은 왜 그렇게 했을까요', '모든 사람이 이와 같이 행동한다면 어떤 결과가 발생할까요', '그런 행동을 한 사람의 느낌은 어떨까요', '피해자의 심정은 어떨까요', '이 사건을 본 자신의 느낌은 어떤가요' 등이다.

비판적 읽기의 질문 유형으로는 '이 문제에 대해 어떻게 생각합니까', '위 문제에 대해 찬성인지 반대인지를 얘기하고 그 이유를 말해보세요', '그 사람의 행동은 옳은가요, 그른가요', '이 문제를 해결하려면 어떻게 하면 좋을까요', '자신이 선택한 해결방안이 법에 위반되지는 않을까요', '자신이 선택한 해결방안이 다른 사람의 권리를 방해하지는 않을까요', '위의 글을 읽거나 듣고 자신의 의견을 말하거나 적은 다음 친구들과 공유해보세요' 등이 있다.

적용적 질문의 유형은 '만약 ~했더라면 어떤 결과가 나왔을까요', '모든 사람이 이와 같이 행동한다면 어떤 결과가 발생할까요', '내가 그 사람이라면 어떻게 했을까요', '나는 ~해본 적이 있나요', '이것과 저것의 같은 점은 무엇이고 다른 점은 무엇일까요', '위의 사례와 비슷한 사례를 주변에서 찾아 이야기해보세요. 혹은 뉴스에 보도된 적이 있으면 이야기해보세요', '그런 행동을 한 사람의 느낌은 어떨까요', '피해자의 심정은 어떨까요', '이 사건을 본 자신의 느낌은 어떤가요', '위의 사례와 반대되는 사례를 찾아서 말해보세요', '이 기사의 제목을 내가 다시 만들어 본다면', '이 글을 읽고 나는 어떠한 사람이 되고 싶다고 생각했나요' 등이다.

창의적 읽기를 키워줄 수 있는 활동으로는 내용 바꾸기, 뒷이야기 내용 만들기, 시대 바꾸기, 결말 바꾸기, 주인공 바꾸기, 다른 인물 넣기, 다른 상황과 비교하기, 종합하기 등을 할 수 있다.

② 주장 글

주장 글에서 사실적 읽기의 질문 유형으로는 '무슨 문제에 대해 얘기하고 있나요', '핵심어를 찾아보세요', '글쓴이의 주장은 무엇인가요', '이 글의 결론은 무엇인가요', '무엇을 보고 결론인 줄 알았나요' 등의 질문을 할 수 있다.

추론적 읽기의 질문 유형으로는 '글쓴이가 자기의 주장을 설득시키기 위해 내세운 근거는 무엇인가요', '글쓴이는 어떤 이유에서 그런 주장을 하고 있나요', '또 다른 중요한 이유처럼 보이는 것이 있나요' 등의 질문을 할 수 있다.

비판적 읽기의 질문 유형으로는 '글쓴이가 내세운 이유가 자기의 주장을 내세우는 데 적절하다고 생각하나요', '글쓴이가 제시한 이유를 받아들일 수 있나요', '글쓴이의 주장과 내 생각이 다른 부분이 있나요', '글쓴이의 주장을 받아들일 수 없다면 글쓴이의 주장을 반박해보세요', '글쓴이가 말한 문제해결방법이 합리적이라고 생각하나요?', '글쓴이가 말한 문제해결방법을 실천할 경우에 문제는 없을까요', '발생할 결과에 대해 글쓴이가 충분히 예측하고 있나요', '글쓴이의 주장이 논리적으로 옳은가요', '글쓴이의 편견은 없나요', '같은 문제인데 두 사람의 의견은 왜 다른가요', '두 사람의 주장이 어떻게 다른지 말할 수 있습니까' 등의 질문을 할 수 있다.

적용적 읽기의 질문 유형으로는 '내 의견을 말해보세요', '내 의견의 이유(근거)를 말해보세요' 등의 질문을 할 수 있다.

위의 질문들에서 유아의 수준에 적합한 질문을 선택하거나 적절하게 변형하여서 적용해 볼 수 있다.

③ 시사만평, 만화, 사진, 그림

사실적 질문의 유형으로는 '무엇에 대해 이야기하고 있습니까', '만화 속의 사람(사물, 동물)은 누구입니까', '그는 무엇을 하고 있습니까', '글쓴이의 주장을 뒷받침하는 사실 근거는 무엇입니까', '누구의 그림인가요', '그림의 제목은 무엇인가요' 등이 있다.

추론적 질문의 유형은 '원인은 무엇입니까', '그는 왜 그것을 하고 있습니까', '배경은 어떤 의미를 지니고 있습니까', '그 사람과 배경과의 관계는 무엇입니까', '그 사람은 누구를 대표하거나 상징합니까', '이 만평은 무엇을 비판하고 있나요', '왜 그렇게 생각하나요', '결국 이 만화가 말하고자 하는 주제(필자의 의도, 중심 내용)는 무엇인가요', '사진에서 사진작가의 어떤 의도가 느껴지나요', '이 사진이 누구의 입장을 말하려고 하는 것 같나요', '이 사진이 사회에 미치는 영향은 무엇일까요', '이 사람의 표정은 어떤가요, 무엇을 알 수 있나요', '지금 이 사람의 기분은 어떤 것 같은가요', '이 사진에서 가장 중요하다고 생각되는 것은 무엇인가요', '이 다음에는 무슨 일이 있을 것 같은가요', '이 그림은 무엇을 표현하고자 한 것일까요', '여기는 어디 같은가요? 이야기로 꾸며 보세요', '이 그림은 사실적인가요? 아니라면 화가가 왜 이렇게 그렸을까요', '그림 속의 두 사람은 지금 무슨 이야기를 나누고 있을까요? 말풍선을 달아보세요' 등이다.

비판적 질문의 유형으로는 '그 이유들이 맞나요(타당한가요)', '중심 내용이 여러분의 생각과 일치하나요? 상이한가요', '일치하거나 다르다면 그 이유를 말해보세요', '만화가는 어떤 생각(가치관)을 가진 사람 같은가요', '만화가는 어떤 입장을 대신해서 말하고 있나요', '의도적으로 축소되거나 강조 확대된 부분이 있나요', '만화의 내용을 글로 옮겨 쓰고 그 차이점을 말해보세요', '사진은 기사의 내용과 어울리나요', '이 사진이 어떤 효과를 준다고 생각하나요', '사진을 보고 의문 나는 점이 있나요' 등이 있다.

적용적 질문의 유형으로는 '여러분이 이 만화를 재구성한다면 어떻게 하겠습니까', '반대 편의 관점으로 만화를 다시 그려보세요', '이 만화를 선생님이(어른이, 아이가) 본다면 뭐라고 할까요', '이 만화를 내가 다시 그린다면 어떻게 그릴 것 같은가요', '만화의 제목을 달아보세요.', '기사를 만화로 바꾸어보세요', '내가 사진기자라면 어떤 사진을 넣을 것 같은가요', '사진과 비슷한 일을 주변에서 본 적이 있나요', '사진을 보고 이야기를 다시 꾸며본다면', '사진을 보고 기사를 써본다면', '사진의 제목을 내가 달아본다면', '이 그림의 느낌은 어떤가요? 어떤 감동이나 생각의 변화를 느꼈나요', '이 그림 중 바꾸고 싶은 부분이 있나요' 등이 있을 수 있다.

7) 신문을 활용한 토론 수업

예를 들어 '유치원생이 휴대폰을 유치원에 가지고 오는 것이 바람직한가' 에 대해서 '가져온 사람이 나쁘다' 든지 '금지시킨 유치원이 나쁘다' 든지 하는 흑백논리로 가는 것은 바람직하지 않다. 사람의 권리나 서로 다른 입장(학부모, 유아, 유치원)에서의 이유, 의사소통의 문제 등 여러 시각에서 토론해 보는 것이 바람직하다. 유아들은 대체로 자기 중심적이고 한 가지 방향만을 생각하기 쉽다. 교사가 유아의 반대 입장에서 질문해보고 반대 측 입장도 나름대로의 이유가 있음을 생각하게 하는 훈련을 하면 사건의 양면성을 생각해볼 수 있고 다양한 입장에서 생각할 수 있는 힘을 기를 수 있다. 토론을 한 후에는 토론한 것을 글로 써서 토론일기를 써보아도 좋을 것이다.

8) 신문일기 쓰기

일기 쓰기에서는 매일의 상황에서 특별한 동기부여가 필요하다. 그러나 매일의 상황에서 동기부여를 하기란 쉽지 않으므로 신문을 보고 대화거리를 찾아내고 함께 토론하고 쓸거리를 마련해보는 것도 좋으리라 여겨진다.

신문을 활용한 글쓰기가 좋은 이유는 먼저 여러 일들이 실린 신문에서 한 가지 글감을 찾아 글쓰기를 하는 것은 그리 어렵지 않기 때문이다. 글감을 찾아 기사를 토대로 글을 쓰게 되면 내용만 정리하여 적어도 글쓰기에 부담이 없다. 처음에는 기사를 그대로 옮겨 적어도 유익하다. 그러다가 점차 자신의 말로, 자신의 생각을 적어 나갈 수 있다.

유아들이 알고는 있으나 표현을 못 하는 것은 어휘력이나 표현력 등이 부족하기 때문일 수도 있다. 신문의 기사는 글쓰기의 좋은 구조의 예를 보여주기 때문에 신문을 많이 접함으로써 글쓰기의 요령을 자연스럽게 알 수 있다.

신문일기를 쓸 때에는 기사나 사진, 만화 중 하나를 선택하여 공책 왼쪽에 붙이고 오른쪽에 날짜, 신문 이름, 기사 제목을 적는다. 우선 그 기사에서 어려운 낱말을 찾아낸다. 어려운 낱말을 알고 나면 다음으로 기사 내용을 요약해본다. 보통 육하원칙을 찾아서 요약하면 된다. 요약은 최고 수준의 독해라고도 한다. 다음에는 기사에 대해 의견을 나누고 토론을 하거나 혼자 질문을 만들어보기도 한다. 답까지 나와도 좋지만 질문만 만들어도 좋다. 그 기사를 선택한 이유도 적고, 자신의 삶과도 관련지어 자신의 생각을 적어볼 수도 있다.

사설이나 칼럼 등은 그렇게 주장하는 이유만 찾아도 좋다. 또한 그에 대한 자신의 생각을 표현해볼 수도 있다.

신문에는 상품을 소개하는 글도 많이 나온다. 그것을 보고 그 상품을 자신의 말로 소개하는 글을 써볼 수도 있다. 인터뷰 기사는 일문일답은 해설형으로, 해설형은 일문일답으로 바꾸어 써볼 수 있다. 부음 기사는 읽고 나서 그의 생애를 정리하고 다른 사람에게 그를 소개하는 글을 적어볼 수도 있다. 인터뷰나 부음 기사는 그 인물과 자기를 비교해볼 수도 있기 때문에 인성 교육의 자료가 될 수도 있다.

유아라 하더라도 신문 기사를 듣거나 읽고 토론하거나 자신의 생각을 정리한다면 사회현상에 대해 관심을 가질 수 있고 자신의 의견도 가질 수 있다. 또한 비판적 사고력과 논리 및 논술 실력을 키울 수도 있다.

날씨는 '맑음', '비' 등 명사로 간단하게 표현하는 것보다 오늘의 일기변화를 문장으로 적어보게 한다. 날씨를 자세하게 쓰는 것은 변화를 자세히 살피고 생각하는 힘을 길러준다.

제목은 먼저 정한 다음 글을 써도 되고 글 쓴 후에 제목을 정해도 된다. 제목은 내용과 관련이 있어야 하고 내용을 함축하고 있어야 한다.

본문은 글감을 선정한 후에 브레인스토밍으로 생각을 확장시켜 전체적인 줄거리를 짜고 쓰면 훨씬 쉽다.

일기는 구체적으로 써야 한다. 날씨, 때와 장소, 일들을 정확하고 구체적으로 쓴다. 되도록 육하원칙으로 쓰도록 한다. 나중에 읽더라도 생생하게 떠올릴 수 있도록 자세히 쓴다. 따라서 결과만 쓰지 말고 그 과정도 자세하게 쓴다.

'오늘, 나는' 등의 말은 생략하는 것이 좋다. 그날의 사건만 기록하는 것보다 그 사건에 대한 자신의 감정을 기록하고, 그 감정이 나온 이유도 함께 적는 것이 좋다. 형용사뿐 아니라 '마치 ~같다' 등의 비유를 적절히 사용하면 좋고, 동일한 서술어가 반복되지 않는 것이 좋다. 대화 글이 사용되면 글이 훨씬 더 생동감이 있게 된다.

9) 신문을 활용한 학습 자료의 구성

(1) 신문 자료 활용방법

① 신문과 가깝게

- 신문에서 오려 붙이기

- 제일 큰 글자, 제일 작은 글자
- 제일 큰 사진, 제일 작은 사진
- 사람 이름 10명
- 우리나라 도시 이름 5개 등

○ 신문에 나오는 글자 중 아는 글자나 낱말 찾기

- 내 이름, 가족 이름, 친구 이름

○ 신문의 방송 프로그램 오려 붙이고 다음의 물음에 답하기

- 제일 보고 싶은 프로그램
- 주인공의 이름은?
- 주인공이 하는 일은?
- 앞으로 주인공이 어떻게 될 것 같은가? 왜 그렇게 생각하는가?

○ 신문에 있는 사진을 이용하여 이야기 꾸미기

- 먼저 사진을 3~4장 오린다.
- 오려낸 사진을 이어서 이야기 꾸미기

○ 신문사진 중에서 동물, 식물 찾기

- 오려서 동물원도 만들어보고 동 · 식물의 특성도 알아보기
- 신문에서 좋아하는 사진을 찾아서 오려 놓고 생각나는 대로 글을 적어보기 (편지 쓰기, 기사 쓰기 등)
- 재미있는 사진 모아서 이야기 꾸미기

② 신문으로 하는 재미있는 수업

○ 겹받침이 들어 있는 낱말 찾기

○ 두 글자, 세 글자로 된 낱말 찾기

- 끝에 같은 글자가 있는 낱말 찾기
- 첫 글자가 같은 낱말 찾기
- 모양 찾기, 숫자 찾기
- 신문 한 장을 펼치고 한 면에 있는 물체를 세워보고 알맞은 수 카드 놓기
- 교사가 제시한 숫자카드를 보고 신문의 물체를 그 수에 맞게 오려서 붙이기
- 사진이나 그림 속의 물체를 표현하기 위해 의성어, 의태어를 넣어 짧은 글짓기를 하기
- 신문에서 두 자리 숫자 찾아 대소 비교하기
- 신문에서 그림이나 사진을 한 장면씩 오려 붙이고 그 장면을 글로 표현해보기
- 사설의 제목을 다시 지어보기
- 신문의 기사 읽고 사실과 의견을 구분해보기
- 신문에서 육하원칙 확인하기

③ 신문으로 하는 탐구주제 해결 학습

- 20년 후 자신은 어떠할지를 상상하여 기사로 써보기
- 사건이나 사고의 인물을 선정하여 그의 입장에서 말해보기
- 신문의 사진을 오려서 가족을 꾸며보고 이야기 만들어보기
- 신문의 인물사진을 오려서 그에게 하고 싶은 질문 작성하기
- 우리 집을 소개하는 광고 만들기

(2) 신문 활동 수업의 예

① 단계별 학습활동 예시

- 흥미 학습(친숙 단계): 신문에 가깝게 다가가고 흥미를 느끼도록 하는 수준

***신문은 내 친구-무엇을 찾을까요?**

신문에서 가장 멋진 얼굴을 찾아 오려서 붙이고 말해보세요.

- 어떤 표정인가?
- 누구와 닮았는가?
- 그 이유는 무엇인가?

- 교과 학습(적용 단계): 신문을 수업에 활용하는 학습 수준

***신문은 내 친구-우리 몸이 하는 일**

신문에서 우리 몸의 사진이나 그림을 찾아 오려 붙이고 다음을 말해보세요.

- 눈은 어떤 일을 하나요?
- 코는 어떤 일을 하나요?
- 입은 어떤 일을 하나요?
- 다리는 어떤 일을 하나요?
- 귀는 어떤 일을 하나요?
- 팔은 어떤 일을 하나요?

◦ 창의력 학습(활용 단계): 다양한 사고와 창의적인 사고가 필요한 수준

*신문은 내 친구–그림 보고 뒷이야기 꾸미기

신문에서 하나의 사건 사진을 오려 붙이고 뒷이야기를 꾸며보세요.

• 어떤 내용인가요? 뒤에는 어떤 일이 일어날까요?

◦ 가정 학습(표현 단계): 나의 생각을 가족에게 표현하기

*신문은 내 친구–가족이 꾸미는 신문

신문에서 가족이 선정한 기사를 붙이고 기사 선정의 이유와 가족의 생각이나 느낌을 말해보세요.

10) 신문을 활용한 창의성 활동

(1) 브레인스토밍 기법 활동

① 겨울에 관련된 단어나 그림을 신문에서 찾아 붙이고 떠오르는 단어를 적어봅시다.

② 위 단어나 그림 중 한 가지를 골라서 그것에 대한 자신의 느낌이나 생각을 많이 적어봅시다.

③ 위에 '① 번' 에 적은 단어 중에서 두 개를 선택하여 그것을 넣어서 짧은 글짓기를 해봅시다. 위의 '② 번' 에 생각들을 묶어서 한 편의 동시를 지어봅시다.

(2) 마인드맵 기법 활동

- '친구' 하면 생각나는 것을 신문에서 찾아 마인드맵으로 꾸며보세요.
- 위에 적은 것들 중에서 2가지를 골라보세요.
- 위의 2가지가 모두 들어가도록 동시를 지어보세요.

(3) 상상하기

- 그림 상상하기
  - 신문의 사진을 보고 떠오르는 낱말이나 어휘를 생각나는 대로 말해보세요.
  - 위의 낱말들을 이용하여 사진과 어울리는 글을 지어보세요.
- 만화를 이용한 상상하기
  - 만화를 보고 어울리는 대화를 만들어보세요.

(4) 신문판화

신문 기사의 띄어쓰기나 줄 사이 빈 공간을 빠져 나가서 이어보면 재미있는 그림이 된다. 연결해서 그림을 그리고 그것을 오려내어서 빈 구멍에 물감을 채워 넣어 신문판화를 만들어보자.

(5) 신문의 일부분을 찢고 재미있게 꾸미기

신문 기사 중 일부분을 찢고 자기가 다시 기사를 적어보기

(6) 신문지 찢어진 모양에 그림 그리기

신문의 사진이나 그림을 찢고 나머지 부분을 다시 그려서 완성해보기

(7) 광고 만들기

신문의 상품을 오려 붙이고 자기의 생각으로 이 상품의 광고를 새롭게 만들어보기

(8) 신문일기 쓰기

- 자기가 겪은 일을 글감으로 하여 신문에서 주제, 그림, 사진 등을 오려 붙이기
- 위의 자료를 이용하여 자신의 일기를 적어보자.

Chapter 7

창의성 교육을 통한 유아 논리 및 논술

1. 논리 및 논술 교육에서의 창의성
2. 창의성의 개념
3. 동화 읽기를 통한 유아의 창의성과 논리 및 논술 능력의 발달
4. 동화를 바탕으로 한 창의성 기법 활동

01 논리 및 논술 교육에서의 창의성

논리적 사고는 '주장과 근거와 결론이 합리적이고 일관성 있게 연결되는 것' 이라고 앞에서 정의하였다. 그리고 논술이란 '논리적으로 사고한 자신의 생각을 말이나 글로 표현하는 것' 이라고 하였다.

앞에서 이러한 논리적 사고를 향상시키기 위한 방법으로 다음을 제시하였다.

① 아이들이 충분히 질문할 수 있도록 하라.
② 아이들과 대화를 많이 하라.
③ 대답이 곤란한 아이들의 질문에는 슬기롭게 대처하라.
④ 브레인스토밍을 하라.
⑤ 상상력을 촉진시켜라.
⑥ 다른 사람의 입장에서 생각할 기회를 많이 제공하라.
⑦ 메모하는 습관을 길러라.
⑧ 비교하고 유사점과 차이점을 구별하는 습관을 가지도록 하라.
⑨ 생각한 것에 대해 스스로 질문해보고 여러 가지 방향에서 답을 찾는 노력을 하라.

이상에서 논리적 사고향상을 위해 브레인스토밍이나 상상력과 같은 창의성을 촉진하는 것은 중요한 요소로 간주되고 있다.

또한 논술에 필요한 능력으로 다음을 제시하였다.

① 표현력과 독해력

② 사고력: 논리성, 비판력, 판단력

③ 문제해결력: 창의성

문제해결력이나 창의성은 논술에서도 필요한 능력으로 간주되고 있다.

논술은 단순히 글의 체제를 잘 짜고, 원고지 사용을 잘 하는 것이 아니라 공동체에서 의사소통의 수단이 되어야 한다. 그러므로 교사들은 유아들이 다양하게 생각하도록 촉진하고 서로의 생각을 공유하는 기회를 유아들에게 많이 제공할 필요가 있다고 하였다. 이러한 점에서 다양하게 사고하고 다르게 접근해보도록 하는 창의성은 논리 및 논술 교육에서도 필요한 것임을 알 수 있다.

즉, 논리 및 논술 교육에 창의성과 문제해결력이 중요한 능력으로 간주되고 있다. 따라서 논리 및 논술 교육을 위해서 유아들의 창의성을 향상시키는 것은 매우 중요하다.

02 창의성의 개념

창의성은 창의력, 창조성, 독창성 등의 용어와 혼재하여 사용되는 말이며, 일반적으로 무엇인가 개발하고 지금까지 없었던 새로운 것을 만들어내거나 생각해내는 능력이라고 여겨진다. 창의성 개발문제가 등장하면서부터 창의성이란 용어가 비교적 다양하게 사용되고 있는데 창의성을 이해하는 접근법이 서로 다르기 때문이다(Sternberg, 1988; 임선하, 1993 재인용).

일반적으로 창의성이란 기존의 것과는 다른 새로운 것을 산출해내는 과정 및 그 산물로서 특정인에게만 나타나는 특성이라기보다는 거의 모든 사람들에게 나타날 수 있는 보편적인 능력이며, 학습과 훈련에 의해 개발되고 증진(Razik, 1967)될 수 있는 것이다.

토런스(Torrance, 1962)는 창의성이란 새로운 독특한 아이디어, 보통 사람들과 다른 사고와 관점 그리고 문제를 새로운 시각으로 보는 것이라 하였다.

길포드(Guilford, 1970)는 창의적인 문제해결력을 정의하면서 확산적 사고를 비롯하여 네 가지 기본 능력을 강조하였다. 네 가지 기본 능력이란 유창성(fluency), 융통성(flexibility), 독창성(originality), 정교성(elaboration)을 말한다.

유창성이란 어떠한 문제 상황에서 가능한 한 많은 아이디어나 반응을 생각해내는 것이다. 이것은 일부분 기억력을 요구하는 사고 능력이라 할 수 있다. 예를 들면 한 사람에게 저장된 정보와 문제를 즉시 연결 지을 때 나타나는 선택적 회상과 정이다. 이것은 한 주제에 대해서 많은 아이디어를 내거나, 아이디어를 끌어내기 위해서 몇 가지의 아이디어를 만들어내는 것으로 아이디어를 만들어내는 중요한 요소 중 하나이다. 아이디어를 창출해내는 데 있어서 여러 가지 반응을 나타내는 유아가 바로 창의성 요인 중 유창성이 뛰어난 유아라 할 수 있다.

융통성이란 어떠한 생각에서부터 다른 계열의 생각까지를 변환할 수 있는 능력이며 문제에 새롭고 다르게 접근하는 능력을 말한다. 즉, 새로운 상황에서 대안책과 아이디어를 찾도록 유도하는 사고력으로 문제를 해결할 때 고정관념이나 경직된 사고를 하지 않도록 한다. 융통성 있는 사고를 하는 유아는 정보를 다양한 방식으로 취득, 사용하고 하나의 아이디어에서 다른 종류의 아이디어를 생산해낼 줄 안다. 하나의 아이디어를 고집하는 유아나 아이디어끼리 관계를 맺을 수 없는 유아는 융통성이 부족할 수도 있다.

독창성이란 기존의 것에서 벗어나 독특하고 새로운 아이디어를 만드는 능력이다. 독특한 아이디어란 원래 있던 두 개의 아이디어를 새롭게 조합하는 것이다. 독창성은 서로 관계가 없는 것처럼 보였던 아이디어들 간에 관계를 형성하는 연합적 과정이다. 독창성이란 유아들이 독특하고 비상한 아이디어를 받아들이거나 아이디어를 획득하고자 하는 의도적인 활동에 의해서 촉진될 수 있다.

정교성이란 하나의 아이디어를 설명하기 위해 구체적인 내용을 많이 넣거나, 흥미로운 사항들을 넣거나, 관련 아이디어를 하나로 묶는 능력을 말한다.

일반적으로 창의적으로 사고를 할 수 있게 하려면 창의적 사고에 관련된 지식과 경험을 많이 가질 수 있도록 할 필요가 있다(임선하, 1993). 교사의 창의적 수업, 친구들끼리 하는 창의적 놀이, 가정에서의 창의적 경험 등이 여기에 해당된다고 볼 수 있다. 창의적 사고는 누구나 가질 수 있는 인간의 정상적인 사고 중 하나로서 문제해결과정에서 필요로 하는 것은 고도의 인지적 능력과 창의적 사고이다. 이것은 창의적인 환경과 경험을 통해 익힐 수 있고, 또한 이에 숙달됨으로써 향상될 수 있다.

03 동화 읽기를 통한 유아의 창의성과 논리 및 논술 능력의 발달

유아의 창의적 사고를 증진하기 위해서 교사는 유아가 능동적으로 활동을 할 수 있도록 유아가 스스로 할 수 있는 환경을 조성하는 것이 중요하다. 이때 교사는 안내자, 자료제공자의 역할을 수행한다.

수업을 할 때에는 유아들로 하여금 '왜' 라는 질문을 할 수 있는 기회를 많이 제공하고 유아들에게 자신의 생각을 구체적이고 설득력 있게 표현할 수 있도록 기회를 제공하여야 한다.

또한 지나간 경험과 정보를 활용하여 현재와 관련시켜보는 경험을 많이 하여야 한다. 지나간 것과 현재의 것을 비교해보는 경험은 논리적 사고의 첫걸음이다. 이러한 경험을 통해서 어떠한 것이 비슷하고 어떠한 것이 다른지를 찾아내고, 좋은 점, 나쁜 점 등을 생각해보는 경험도 필요하다.

유아들의 창의성을 증진시키는 교수방법으로는 ① 브레인스토밍, ② 마인드맵, ③ 연상법, ④ 그림사고방법, ⑤ PMI(Plus, Minus, Interesting), ⑥ 시네틱스, ⑦ 시각적 사고 기법, ⑧ 강제결합, ⑨ 육색사고모자, ⑩ 스캠프(SCAMPER), ⑪ 시간축 사고 기법 등이 있다.

이 책에서는 동화에 근거하여 창의성 기법을 적용해 보기로 한다.

동화는 유아가 가정에서나 기관에서 가장 많이 접하게 되는 것 중 하나이다. 유아들이 동화 읽기를 하고 나서 추후 활동으로 창의성 기법을 적용한 활동들을 해본다면 창의성 활동이 좀 더 친근하고 의미 있게 다가올 것이다.

유아의 언어습득과정에서 말은 의사소통의 수단이 된다. 이뿐 아니라 유아는 운율, 반복적 리듬 등을 통해서 놀거나 실험하기를 즐기고 단어를 창의적으로 만들기도 한다. 이렇듯 자연스럽게 획득되는 언어는 사고와 밀접한 관련을 가지고 있으며 언어에 의한 상호작용은 유아들이 지식, 기술, 태도를 알아가는 중요한 수단이 된다. 이러한 점에서 유아 교육에서 동화는 풍부한 교육가능성을 가진 교수매체이다.

동화는 유아들의 상상력, 사고력, 창의력 등을 자극하고 언어나 인지발달에 도움을 주어 지적 발달과 인성, 언어발달 등을 도모한다. 유아들은 인물들이 처한 상황을 생각하고 그 해결책을 모색해보고 공감하기도 한다. 이러한 경험은 문제해결력, 공감 능력 등을 발달시킨다.

따라서 유아가 가장 흔하게 접하게 되는 동화를 통해서 창의성 교육에 접근하는 것은 유아에게 친근하고 의미가 있다. 동화 관련 활동은 현실과 환상을 넘나들며 상상을 키우고 즐겁고 유익한 활동이 될 것이다. 또한 유아가 자신의 경험이나 생각을 표현하기 위해서는 언어를 사용해야 하는데 동화를 통해서 새로운 단어나 어휘를 접하면서 자신의 생각을 좀 더 다양하게 표현할 수 있다.

창의성 발달은 유아기에 획득해야 할 인지 능력 중에서도 중요한 능력이다. 현재 우리나라 교육의 지표도 창의와 인성 교육이다. 동화는 통합 교육을 지향하는 유아 교육의 특성상 여러 영역을 통합하는 특성을 지니고 있고 유아들에게 창의적인 활동의 원천이 된다. 동화를 많이 접한 유아는 이야기에 기초하여 새롭고 기발한 생각을 할 수 있으며, 독특한 이야기를 만들 수 있고 새로운 주인공과 인물을 만들어낼 수도 있다.

유아에게 있어 동화에 근거한 창의성 활동은 자신의 지식과 경험, 상상력을 확장시킬 수 있는 좋은 경험이 된다.

유아에게 주제와 관련된 동화를 들려주고 동화를 바탕으로 창의성 기법을 활용한 활동을 하게 함으로써 유아의 창의성 및 문제해결력, 합리적이고 논리적인 사고 등의 발달을 도모할 수 있다.

04 동화를 바탕으로 한 창의성 기법 활동

1) 브레인스토밍

브레인스토밍(Brain storming)은 두뇌에서 폭풍이 휘몰아치듯이 특정한 주제 또는 문제에 대해 생각나는 아이디어를 많이 내놓는 것이다. 자유로운 분위기에서 스스로 의견을 만들거나 다른 사람이 만든 아이디어에서 더 좋은 생각을 이끌어 낼 수 있어 모든 활동에 효과적이다.

유아교육기관에서 창의성 기법 중 가장 많이 사용되는 기법으로 1941년 알렉스 오스본이 아이디어를 쉽게 내게 하기 위해서 주창한 집단발상 기법 가운데 하나이다. 브레인스토밍은 '두뇌폭풍'이란 말 뜻대로 특정 주제나 문제에 대해 두뇌에서 폭풍이 휘몰아치듯이 생각나는 아이디어를 밖으로 내놓는 것으로 일체의 권위나 고정관념을 배제하고 수용적이면서 온화한 분위기에서 행해져야 하며 그런 가운데 제시된 아이디어를 더욱더 구체적인 아이디어로 다듬어 제시하려고 하는 것이다.

(1) 브레인스토밍의 원칙

- 자유분방
- 양산
- 비판의 금지
- 결합과 개선

(2) 브레인스토밍을 적용한 활동

① 동화 『구름빵』

- 사전 활동
  - 구름과 관련된 노래를 부르거나 경험을 이야기해본다.
- 본 활동
  - 『구름빵』 동화를 읽어준다.
  - 구름빵 재료에 대해 이야기 나누어본다.
  - 책 속의 주인공인 고양이가 구름을 나뭇가지에서 가져온 방법에 대해 이야기 나누어본다.
- 추후 활동(브레인스토밍)
  - 하늘에 있는 구름을 가져올 수 있는 방법을 말이나 글로 적어본다(다양한 도구나 방법을 이용하도록 격려한다.).

② 동화 『곰사냥을 떠나자』

- 사전 활동
  - 동물원의 곰을 보여주며 관련 경험을 이야기하거나 노래를 불러본다.
- 본 활동
  - 곰사냥을 떠나면서 지나간 장소는 어디였는지 동화의 내용을 회상해본다.
  - 곰 흉내를 내어본다.
- 추후 활동(브레인스토밍)
  - '곰' 하면 떠오르는 생각을 말하거나 적어본다(브레인스토밍, 되도록 많이 적도록 한다.).

2) 마인드맵(Mind map)

마인드맵(Mind map)은 '마음의 지도'란 뜻으로 마음속에 연상되는 것을 이미지와 중심단어 그리고 색과 부호 등을 이용하여 거미줄처럼 그리는 방법으로 좌뇌와 우뇌의 기능을 최대한 발휘하게 하는 창의적인 사고 기법이다. 마인드맵은 유아교육기관에서 쉽게 활용할 수 있는 창의성 기법 중 하나이다.

1970년대 초 토니 부잔(Tony Buzan)에 의하여 창안되었으며 좌뇌와 우뇌의 기능을 서로 유기적으로 연결한 '사고력 중심의 두뇌개발 프로그램'이다. 이는 학습 주제에 대한 마인드(생각, 기억, 감정, 의견, 정서) 등을 이미지와 중심단어 그리고 색과 부호를 사용하여 지도처럼 그려나가는 방법이다.

(1) 사용되는 용어

- 중심 이미지: 주제를 이미지화 한 것으로 종이의 가운데에 그린 그림
- 주 가지(큰 가지): 중심 이미지의 하위 개념, 책의 큰 제목과 비슷한 의미
- 부 가지(작은 가지): 주 가지의 하위 개념, 책의 작은 제목과 비슷한 의미
- 세부 가지(더 작은 가지): 부 가지의 하위 개념, 부 가지의 내용 및 관련된 내용

(2) 유의점

- 중심 이미지를 한가운데 그린다.
- 한 개의 가지에는 한 개의 중심 단어만 기록한다.
- 가지별로 다른 색을 사용한다.
- 각 가지의 두께를 달리하여 표현한다.

(3) 마인드맵 적용 시 지켜야 할 규칙

- 종이 한가운데에 중심 이미지를 그린다.
- 중심 이미지에서 연상되는 핵심 단어나 부호를 생각한다.
- 한 개의 가지에는 한 개의 중심 단어만 기록한다.
- 어떤 아이디어라도 비판하지 않고 자유롭게 흘러나오도록 한다.

(4) 마인드맵을 적용한 활동

① 동화 『황소와 도깨비』

- 사전 활동
  - 소에 대한 수수께끼를 낸다.
- 본 활동
  - 동화 『황소와 도깨비』를 읽어준다.
  - 소에 대해 이야기를 나눈다.
- 추후 활동(마인드맵)
  - 소의 생김새, 하는 일, 성격 등에 대해서 마인드맵을 해본다.

② 동화 『밥 먹기 싫어』

- 사전 활동
  - 오늘 아침에 먹은 음식에 대해 이야기 나누어 본다(무엇을 먹었는지, 무엇이 맛있었고 맛이 없었는지, 왜 그러한지).
- 본 활동
  - 동화 『밥 먹기 싫어』를 읽어준다.

• '루' 가 좋아하는 음식과 싫어하는 음식을 생각해본다.

◦ 추후 활동(마인드맵)

• 내가 먹고 싶은 음식, 먹기 싫은 음식, 엄마가 잘하는 음식 등에 대해서 마인드맵을 해본다.

3) 연상법

연상법은 창의성을 기본으로 기억력을 유발시키고 한 가지 생각이 다른 생각으로 계속해서 번져 나가게 함으로써 아이디어의 생산과정에서 촉매역할을 하는 사고 기법이다.

어떤 생각에서 다른 생각을 계속해서 떠올리는 작용을 말한다. 어떤 관념에서 다른 관념을 계속해서 생각해낼 수 있는 사실이나 아이디어를 생각하는 사고 기법을 말한다. 특히 아리스토텔레스는 연속, 유사, 대비의 세 가지로 분류하고 이를 연상의 법칙이라고 명명하기도 했다.

(1) 연상법의 종류

◦ 자유연상법: 어떠한 주제에 대해 떠오르는 것을 계속해서 열거하는 사고 기법

◦ 강제연상법: 주제와 힌트를 강제로 연결시켜 발상하는 사고 기법

◦ 비교연상법: 주제를 생각할 때 그 주제와 비슷한 것을 찾아 이를 힌트로 생각을 하는 사고 기법

(2) 연상법 적용 시 지켜야 할 원칙

- 떠오르는 아이디어가 자연스럽게 이어져 가게 한다.
- 생각 주제에 대해서 근본적인 질문을 계속한다.
- '왜' 라는 질문을 통해 유아들이 끊임없이 탐색할 수 있게 한다.
- 연관성이 강할수록 연상의 확산이 빠르다.

(3) 연상법을 적용한 활동

① 동화 『무지개 물고기』

- 사전 활동
  - 물고기와 관련된 노래를 선정하여 노래를 부른다.
  - 물고기를 본 경험에 대해 이야기 나눈다.
- 본 활동
  - 『무지개 물고기』 동화를 들려준다.
- 추후 활동
  - '무지개 물고기' 의 각 앞 글자로 시작하는 단어로 말놀이 기차를 지어본다 (예를 들어 '지' -지우개는 네모나-네모난 것은 우리 집 시계)(비교연상법).
  - '내가 만약 ~라면' 해서 '내가 만약 무지개 물고기라면', ' 내가 만약 고래라면' 등의 활동을 해볼 수 있다(자유연상법).

② 동화 『예방주사는 무섭지 않아』

- 사전 활동
  - 병원에 관련된 노래를 부른다.
  - '병원' 에 관련된 사람이나 기계에 대해 수수께끼를 낸다.

○ 본 활동

- 동화 『예방주사는 무섭지 않아』를 들려준다.

○ 추후 활동

- 동화 속 한 장면을 떠올리고 거기에 대해서 어떤 생각이나 느낌이 나는지 말을 하거나 글로 적어본다.

4) 그림사고방법

그림사고방법은 그림을 보고 말할 내용을 조직화해서 표현하는 기법이다. 이 기법은 그림의 내용을 구체적으로 말하는 사실표현, 관계 지어 말하는 관계표현, 자신의 의견을 말하는 주견표현, 묶어서 말하는 종합표현이 있다.

그림사고방법은 그림을 보고 그림에 있는 사실표현, 관계표현, 주견표현, 종합표현의 방법으로 말할 내용을 조직화해서 표현하는 것이다.

(1) 그림분석단계

○ 대면: 살펴볼 관점 확인시키기, 살피는 도중에 확인시키기, 예를 들어 주고 사고 활동으로 유도하기, 육하원칙에 의하여 생각하기

○ 사실표현: 그림에 있는 것을 모두 말하기, 무슨 장면인지 말하기, 알 수 있는 특징과 관련짓기, 자기가 창작해서 덧붙이기

○ 관계표현: 그림이 가지고 있는 특징 말하기, 그림 내용과 생활 주변의 상황과 연관성 찾기, 내가 겪은 일과 비교해서 말하기

○ 주견표현: 내용과 말을 예시해주기, 감정 가치의견 말하기, 이야기 꾸며서

말하기

- 종합표현: 그림의 구조도를 통해 생각하여 하나로 이어 말할 수 있도록 합하여 이야기 꾸며 말하기

(2) 그림사고방법을 적용할 때 지켜야 할 원칙

- 처음에는 단순한 그림에서 차츰 복잡한 내용의 그림을 분석하게 한다.
- 그림사고방법은 사실표현, 관계표현, 주견표현, 종합표현 중에서 주제와 관련된 활동만을 선택해서 사고하도록 한다.
- 그림을 보고 다양한 생각을 할 수 있도록 허용적인 분위기를 조성한다.
- 유아들의 생각을 존중해주고 격려해준다.

(3) 그림사고방법을 적용한 활동

① 동화 『곰사냥을 떠나자』

- 사전 활동
  - 진흙길을 밟아본 경험이 있는지 이야기 나누어본다.
- 본 활동
  - 동화 『곰사냥을 떠나자』를 읽어준다.
- 추후 활동
  - 동화 속에서 사람들이 진흙탕을 밟고 지나가는 그림을 보고 이야기 나눈다.
  - "이 그림은 어떤 장면인가?", "진흙탕을 밟고 지나가는 느낌은 어떠한가?", "진흙탕을 모두 건너고 나면 무슨 일이 생길까?"(그림사고방법)

② 동화 『무지개 물고기』

- 사전 활동
  - '시냇가에서' 노래를 부른다.
  - '물고기를 본 경험을 나누고 생김새와 크기 등의 모습을 이야기해본다.
- 본 활동
  - 『무지개 물고기』 동화를 들려준다.
- 추후 활동
  - 물고기들의 이름을 붙여주자.

5) PMI(Plus, Minus, Interesting)

PMI는 Plus, Minus, Interesting의 첫 문자로서 P는 어떠한 아이디어에 대한 좋은 점, M은 부정적인 점, 그리고 I는 2가지 측면을 고려한 해결방법이나 새로운 제안점을 생각해보는 창의성 기법으로서 어떠한 문제 상황에 대해 충동적으로 반응하는 것을 막고 사고의 폭을 넓혀줄 수 있는 기법이다.

드 보노(E. de Bono)가 개발한 CoRT(Cognitive Research Trust) 프로그램 중의 하나이다. 특정문제의 긍정적인 면과 부정적인 면을 각각 기록한 다음 이들 각각에 대해 문제해결자 나름대로의 판단에 의해 이익되는 점을 찾는 기법이다.

(1) 사용되는 용어

- P: 어떠한 아이디어에 대하여 좋은 점, 좋아하는 이유, 긍정적인 면 등을 기록한다.

- M: 어떠한 아이디어에 대하여 좋지 못한 점, 고칠 점, 부정적인 면 등을 기록한다.
- I: 어떠한 아이디어에 대하여 재미있는 부분, 흥미로운 부분, 새로운 아이디어 등을 제안하는 것이다.

(2) PMI 적용 시 지켜야 할 원칙

- PMI 기법의 의미를 안다.
- 주제에 대한 다양한 아이디어를 낸다.
- 영역별로 아이디어를 낼 때에는 각 요소(-P)에 집중한다.
- 아이디어의 결합, 조합을 통해 새로운 아이디어를 낸다.
- 좋은 아이디어나 기발한 생각은 칭찬해주고 다 함께 공유할 수 있도록 한다.

(3) PMI 기법을 적용한 활동

① 동화 『작고 하얀 책』

- 사전 활동
  - 자기가 본 책의 종류에 대해 이야기해본다(내용적으로, 겉모습적으로 등).
- 본 활동
  - 『작고 하얀 책』 동화를 들려준다.
- 추후 활동(PMI 활동)
  - 작고 하얀 책이라서 좋은 점, 안 좋은 점, 재미있는 점을 생각해보고 말이나 글로 표현해본다.

② 동화 『비가 오는 날에』

- 사전 활동
  - '여름 냇가' 노래를 부른다.
  - 비 오는 날의 경험을 이야기해본다.
- 본 활동
  - 동화 『비가 오는 날에』를 읽어준다.
- 추후 활동(PMI 활동)
  - PMI 활동으로 '비가 오면 좋은 점', '비가 오면 불편한 점', '하늘에서 이런 것이 내렸으면 좋겠어요' 로 나누어 유아들의 생각을 말이나 글로 표현해본다.

6) 시네틱스(Synectics)

시네틱스(Synectics)는 서로 관련이 없는 '요소들의 결합' 을 의미하는 희랍어 'Synecticos' 에서 유래한다. 이 발상법은 시네틱스 사를 창립한 고든(W. J. Gorden)이 개발한 기법으로 여러 가지 유추로부터 아이디어나 힌트를 얻는 방법이다. 시네틱스는 낯익은 것을 낯설은 것처럼 만들고 낯설은 것을 낯익은 것처럼 만드는 과정이다. 즉, 새로운 것을 창안하는 것과 낯선 것을 친숙하게 하는 기법이라 할 수 있다. 이질순화(처음 보는 것을 친숙한 것으로)와 순질이화(친숙한 것을 알지 못하는 것처럼)의 과정이라 할 수 있다.

(1) 기법의 특징

- 직접 유추(Direct analogy): 현재의 문제와 비슷할 수 있는 사실, 정보 또는 기

술들을 비교해보고 해결에 대한 시사를 얻는 기법

- 사과와 배의 차이점은?

- 개인 유추(Personal analogy): 자신이 문제의 일부라는 생각을 가지고 문제 자체가 요구하는 통찰을 하는 기법
  - 내가 만약 사장이라면?
- 상징 유추(Symbolic analogy): 두 대상물 간의 관계를 기술하는 과정에서 상징을 활용하는 기법
  - 여름하면 어떤 것이 상상되나요?
  - 여우의 특징은?
- 환상 유추(Fantasy analogy): 현실적인 유추를 통해서 문제가 해결될 수 없을 때 활용하는 환상적이고 신화적인 기법
  - 나에게 만약 날개가 있다면?

(2) 시네틱스 적용 시 지켜야 할 규칙

- 새로운 것을 창안할 경우 유아들에게 현재 상황 또는 유아가 경험했던 상황을 이야기하게 한다.
- 낯선 것을 친숙하게 할 경우 새로운 주제에 관한 정보를 준다.
- 창의적 문제해결의 기회를 많이 제공하도록 한다.
- 유아들에게 스스로 아이디어를 낼 수 있는 기회와 경험을 많이 제공한다.

(3) 시네틱스를 적용한 활동

① 동화 『구름빵』

- 사전 활동
  - 지금까지 보았던 구름에 대해서 이야기 나누어본다.
- 본 활동
  - 동화 『구름빵』을 읽어준다.
- 추후 활동(시네틱스 활동)
  - 『구름빵』 동화 속의 고양이처럼 나도 구름빵을 먹었다면 어떻게 될지 상상해 본다.
  - 『구름빵』 속의 고양이처럼 실제로 날게 된다면 가고 싶은 곳, 나는 모습, 그 곳에서 하고 싶은 일 등을 생각하고 말이나 글로 표현해본다.

② 동화 『도깨비를 빨아버린 우리 엄마』

- 사전 활동
  - 동화 속에서 보았던 여러 도깨비들의 모습을 표현해본다.
- 본 활동
  - 『도깨비를 빨아버린 우리 엄마』 동화를 읽어준다.
- 추후 활동(시네틱스 활동)
  - "내가 만약 무엇이든 할 수 있는 도깨비라면 도깨비 방망이로 무엇을 하고 싶나요?"(환상 유추)
  - 동화 속 도깨비들의 특징을 말하고 글로 적어본다(상징 유추).

7) 시각적 사고 방법

시각적 사고는 마음속에 생각하고 있는 것을 간단한 그림과 기호, 색깔 등을 사용하여 표현하는 방법이다. 사고를 효율적으로 표현하기 위해 도표와 그래프, 스케치, 만화표현, 연대표, 상징 등 여러 가지 방법을 활용한다.

학습효과를 높이기 위해서는 언어적 기법과 시각적 전략의 균형을 이루는 것이 중요하다. 사고를 효율적으로 표현하기 위해서 언어적 기법과 시각적 전략의 균형을 이루는 것이 중요하다. 사고를 효율적으로 표현하기 위하여 그림, 지도, 도형, 도표, 만화 등 여러 가지 방법을 활용한다.

(1) 단순 기법의 종류

- 단순화된 드로잉: 사람들이 생각하고 배우고 의사소통을 하는 데 사용할 수 있는 단순화된 해결방법으로 느낌과 직관에 의한 학습방법
- 아이디어 스케치: 만화, 낙서, 스케치, 도표, 지도, 단어 나열 등 유아들이 표현하기 편리한 모든 방법을 제약 없이 총동원하여 활동 중인 마음을 아이디어로 표현하되 자신만 알아볼 수 있어도 가능토록 허용함
- 만화: 해학적 내용과 풍자적 내용을 담고 있으며 유아들이 친숙하고 재미있게 생각을 표현할 수 있도록 함
- 도표적 표현: 단순한 점이나 선, 기호를 사용하여 어떤 현상의 상호관계나 과정, 구조 등을 도표화하며, 사물의 대략적인 형태와 여러 부분의 관계를 쉽게 이해할 수 있도록 윤곽과 전반적인 구도를 제시해주는 기법
- 연대표: 시간에 따른 사건의 순서를 직선적 도형으로 표현하는 것
- 그래프적 상징: 사고, 사상, 개념 등을 어떤 의미를 지닌 상징으로 전환시키는 것

- 시각적 노트 작성: 시각물은 학습하고 이해하고 기억하는 데 커다란 도움을 주며 학습 능력을 증대시키는 데 결정적인 역할을 할 수 있다.

(2) 시각적 사고 방법 적용 시 지켜야 할 원칙

- 시각화는 느낌으로 배우고 표현하는 학습방법으로 최소한의 시간에 할 수 있도록 신속하게 하여야 한다.
- 유아교육기관의 교육과정 전개 시에는 동화 · 동시 · 과학 · 산책 활동 등의 추후 활동으로 유아들의 생각과 느낌을 간단한 그림으로 표현할 수 있는 시각화 훈련이 필요하다.

(3) 시각적 사고방법을 적용한 활동

① 동화 『소피가 화나면』

- 사전 활동
  - 유아들이 화가 났을 때의 경험을 이야기해본다(왜 화가 났었는지, 표정은 어떠한지).
- 본 활동
  - 동화 『소피가 화나면』을 들려준다.
- 추후 활동(시각적 사고 기법 활동)
  - 내(엄마, 친구 등)가 화났을 때의 얼굴을 그림으로 그려보자. 그리고 왜 화가 났는지를 적어보자.

② 동화 『아빠는 나를 사랑해』

- 사전 활동
  - '곰 세 마리' 노래를 부른다.
  - 가족 중 아빠(엄마 또는 돌보아 주시는 분)의 모습을 이야기해본다.
- 본 활동
  - 『아빠는 나를 사랑해』 동화를 읽어준다.
- 추후 활동(시각적 사고 기법 활동)
  - 동화를 듣고 우리 아빠(엄마, 또는 돌보아 주시는 분)의 모습을 그려보고 어떤 그림인지 말이나 글로 표현해본다.

8) 강제결합법(Forced Connection)

강제결합법(Forced Connection)은 겉으로 보기에는 전혀 관계가 없어 보이는 두 가지 이상의 아이디어나 사물을 강제로 관련시켜보는 방법으로, 어떤 사물이나 아이디어를 색다르게 생각해보는 기법이다. 어떤 사물이나 아이디어를 색다르게 생각해보는 능력을 계발하도록 돕는 연합사고 활동으로 목록표 작성법, 카탈로그 기법 등의 유형이 있다.

강제결합법은 파이팅(C. S. Whiting)이 창안한 것으로 결합을 쉽게 하는 데 활용하는 사고 기법이다.

(1) 특징

- 문제를 창의적으로 해결하기 위해 전혀 관계가 없어 보이는 아이디어나 물

건을 강제로 연관시키는 사고 기법

- 어떤 사물이나 아이디어를 색다르게 생각해보는 능력계발을 돕는 연합사고 활동

(2) 유의점

- 브레인스토밍의 4원칙 준수
- 단어나 사물을 뽑을 수 있도록 카탈로그 제공
- 유아가 흥미롭게 생각하는 문제 준비
- 바구니 또는 상자를 이용한 아이디어 박스 설치
- 벽이나 게시판에 아이디어 붙이기
- 문제와 관련하여 생각할 수 있는 단어를 목록으로 제공
- 그들의 아이디어와 생활문제 사이에서 연관성을 찾아보도록 함
- 실생활의 문제해결에도 사용할 수 있음

(3) 강제결합법 적용 시 지켜야 할 원칙

- 브레인스토밍의 4원칙 준수
- 유아가 흥미를 갖는 카탈로그 목록을 제공함
- 바구니 또는 상자를 이용한 아이디어 박스 설치
- 아이디어와 생활문제 사이의 연관성을 찾아보도록 함
- 실생활의 문제해결에도 사용할 수 있음

(4) 강제결합법을 적용한 활동

① 동화 『해와 달이 된 오누이』

사전 활동

- 형제 · 자매가 있는 유아들과 그렇지 않은 유아들의 경험을 나눈다(좋은 점, 안 좋은 점 등).

본 활동

- 『해와 달이 된 오누이』 동화를 읽어준다.

추후 활동(강제결합법)

- 동화에서 나온 단어 카드를 비밀상자에 넣어두고 두 개의 카드를 뽑아서 나온 단어들을 가지고 서로 연결하여 이야기를 만들어본다.

② 동화 『지각대장 존』

사전 활동

- 유치원에 늦게 온 경험이 있는지 물어보고 이야기해본다(왜 늦었는지, 마음은 어떠했는지…).

본 활동

- 『지각대장 존』 동화를 읽어준다.

추후 활동(강제결합법)

- 이 동화에 나온 등장인물의 그림 카드를 만들어 비밀상자에 넣어두고 2~3장의 카드를 뽑아서 나온 그림들을 가지고 서로 연결하여 이야기를 만들어본다.

9) 육색사고모자(Six Thinking Hats)

육색사고모자(Six Thinking Hats)는 서로 다른 사고의 유형을 상징하는 6색의 각기 다른 모자를 바꾸어 쓰면서 각각의 색깔이 의미하는 것에 대해 자신의 생각을 말하는 것이다. 흰색모자는 순수한 사실이나 정보를, 빨강모자는 감정과 직관을, 검정모자는 논리적 부정을, 노랑모자는 논리적 긍정을, 초록모자는 창조적 노력과 창의적 사고를, 파랑모자는 사고과정의 통제로 결론의 사고를 하는 방법이다.

'수평적 사고' 라는 개념의 창시자인 드 보노(E. de Bono)에 의해서 고안된 사고기법으로 학습자들이 서로 다른 사고의 유형을 의미하는 육색의 모자를 쓰고 자신이 쓰고 있는 모자의 색깔이 표상하는 유형의 사고를 하게 하는 것이다.

(1) 사고의 종류

- 흰색모자: 객관적 사실이나 정보, 의견을 말할 때
- 빨강모자: 감정, 느낌을 말할 때
- 노랑모자: 좋은 점, 찬성 의견을 말할 때
- 검정모자: 부정적 판단, 단점, 부족한 점, 반대 의견을 말할 때
- 초록모자: 해결방안 제시, 새로운 아이디어나 의견을 말할 때
- 파랑모자: 종합, 정리하여 결론을 말할 때, 사회자의 역할

(2) 육색사고모자의 특징

- 감정과 논리, 정보와 독창성을 분리해서 생각한다.
- 육색의 모자를 하나씩 나누어주고 주제에 대해서 자신이 쓰고 있는 모자의

색깔이 표상하는 유형의 사고를 하게 한다.

- 집중해서 사고한다.
- 사고하려는 의지를 일으킬 때 효과적이다.

(3) 육색사고모자 적용 시 지켜야 할 원칙

- 자신의 생각을 자유롭게 표현하도록 한다.
- 각 모자의 특징에 대해 잘 알고 있어야 한다.
- 친구가 발표할 때는 주의 깊게 끝까지 듣는다.
- 생각을 한 후 모자를 쓴다.
- 모자 색에 맞게 진행할 수 있도록 분위기를 만든다.
- PMI 기법을 먼저 익힌 후 육색사고모자 활동을 하는 것이 바람직하다.

(4) 육색사고모자를 적용한 활동

① 동화 『아저씨 우산』

- 사전 활동
  - '우산' 노래를 즐겁게 부른다.
  - 우산을 써본 경험에 대해 이야기 나눈다.
- 본 활동
  - 『아저씨 우산』 동화를 읽어 준다.
- 추후 활동(육색사고모자)
  - 흰색모자: 우산은 무엇을 하는 도구인가?
  - 노랑모자: 우산의 좋은 점은 무엇인가?

• 검정모자: 우산의 불편한 점은 무엇인가?
• 초록모자: 우산의 불편한 점을 없애려면 어떻게 하면 좋을까?
• 빨강모자: '우산'을 생각하면 가장 먼저 떠오르는 느낌은 무엇인가?
• 파랑모자: 우산을 안전하게 사용하기 위해 나는 어떻게 해야 할까?

② 동화 『지각대장 존』

○ 사전 활동

• 유아교육기관에 오고 나서 달라진 점에 대해 자연스럽게 이야기해본다.

○ 본 활동

• 『지각대장 존』 동화를 읽어준다.

○ 추후 활동(육색사고모자)

• 흰색모자: 왜 지각을 하였나?
• 노랑모자: 지각을 하니 어떤 점이 좋은가?
• 검정모자: 지각을 해서 기분 나쁜 일이나 슬픈 일은 무엇이었나?
• 초록모자: 지각을 하지 않으려면 어떻게 해야 할까?
• 빨강모자: 지각을 하면 가장 먼저 떠오르는 생각은 무엇인가?
• 파랑모자: 지각을 하지 않기 위해 어떻게 해야 할까?

10) 스캠퍼(SCAMPER)

스캠퍼(SCAMPER)는 기존의 어떤 형태나 아이디어를 변형시키는 방법으로 여러 가지 항목을 제시하여 다각적인 사고를 해봄으로써 많은 아이디어를 산출해내는 사고 기법이다. 스캠퍼는 사고과정의 순서에서 영문 첫 글자를 딴 약어에서 나온 말로 '다르게 생각하기' 기법이라 할 수 있다.

원래는 특정 사물의 용도를 개발하거나 그 사물의 기능을 개선하는 아이디어를 내고자 할 때 사용하는 사고 기법으로 개발되었으나 주어진 대상, 또는 배운 내용 및 읽은 내용이 가진 기본적인 특성이나 내용을 넘어서서 보다 창의적이고 상상력을 발휘하여 생각할 때 응용하여 사용한다. 교사는 스캠퍼의 약자에 해당하는 질문을 하거나 문제를 제시하여 창의적 생각을 하도록 돕는다.

(1) 스캠퍼의 의미

표 7-1 스캠퍼(SCAMPER)의 의미

영문	의미	발문
S(Substitute)	대치하기	무엇을 대신 사용할 수 있을까?
C(Combine)	결합하기	무엇을 결합할 수 있을까?
A(Adapt)	적용하기	어떻게 적용할 수 있을까?
M(Modify) (Magnify) (Minify)	수정하기 확대하기 축소하기	색, 형태를 바꾼다면? 더 크게 한다면? 더 작게 한다면?
P(Put to other use)	다르게 활용하기	다른 용도로 사용할 수 있을까?
E(Eliminate)	제거하기	무엇을 없애거나 수를 줄인다면?
R(Rearrange) (Reverse)	재배열하기 거꾸로 생각하기	역할을 바꾸면 어떻게 될까? 거꾸로 놓으면, 반대로 하면 어떻게 될까?

(2) 스캠퍼를 적용한 활동

① 동화 『노래하는 혹부리 영감』

사전 활동

- 전래동화에서 도깨비 그림을 본 느낌을 이야기해본다.

본 활동

- 『노래하는 혹부리 영감』 동화를 읽어준다.

추후 활동(스캠퍼)

- S(대치하기): 도깨비 방망이 대신 사용할 수 있는 것에는 무엇이 있을까?
- C(결합하기): 도깨비 방망이에 무엇을 합치면 멋진 도깨비 방망이가 될까?
- A(적용하기): 도깨비 방망이를 어디에 사용하면 좋을까?
- M(수정, 확대, 축소하기): 도깨비 방망이의 모양, 크기를 바꾼다면 어떻게 할까?
- P(다르게 활용하기): 도깨비 방망이를 다른 용도로 사용한다면 무엇으로 사용할 수 있을까?
- E(제거하기): 도깨비 방망이에서 무엇을 없앨까?
- R(재배열, 거꾸로 생각하기): 도깨비 방망이를 거꾸로 사용하면 무엇으로 사용할 수 있을까?

② 동화 『아저씨 우산』

사전 활동

- '우산' 노래를 부르고 비 오는 날 우산을 써본 경험을 나눈다.

본 활동

- 『아저씨 우산』 동화를 읽어준다.

- 추후 활동(스캠퍼)
  - 대치하기: 만약 우산이 없다면 무엇으로 우산을 대치할 수 있을까?
  - 결합하기: 우산에 무엇인가를 붙이고 싶다면 무엇을 붙이고 싶나요?
  - 수정하기: 만약 우산 모양을 바꾼다면 어떤 모양으로 하고 싶나요?
  - 다른 용도로 사용하기: 만약 우산을 다른 용도로 사용한다면 무엇으로 사용할 수 있을까?

11) 시간축 사고 기법

시간축 사고 기법은 창의성 개발이나 문제해결을 위하여 생각의 관점을 미래와 현재, 과거 등으로 옮겨 생각하는 기법이다. 즉 사고의 시간을 현재에서 과거, 미래로 옮겨서 대상이나 문제를 생각해 보는 것이다. 시간과 공간이 옮겨진 상황에서 다른 것을 생각해보는 사고 기법으로 유창성, 상상력, 독창성 등의 창의성을 기를 수 있다.

사고의 시간이 옮겨짐으로써 사고의 공간도 함께 옮겨지며 시간과 공간이 옮겨진 상황에서 다른 것을 생각해보는 기법이다.

(1) 시간축 사고 기법 적용 시 지켜야 할 원칙

- 사고의 시간을 현재에서 과거, 미래로 옮겨서 문제나 대상을 생각해본다.
- 사고의 시간이 옮겨짐으로써 사고의 공간도 함께 옮겨짐을 안다.
- 시간과 공간이 옮겨진 상황에서 문제나 대상을 생각해보는 기법이다.

(2) 시간축 사고 기법을 적용한 활동

① 동화 『피터의 의자』

- 사전 활동
  - 동생이나 형(누나, 언니) 등이 있어서 좋은 점과 안 좋은 점을 얘기해본다.
- 본 활동
  - 동화 『피터의 의자』를 읽어준다.
- 추후 활동(시간축 사고 기법)
  - 내가 어렸을 때의 모습을 그림이나 글로 표현해본다. 내가 어른이 되었을 때의 모습을 그림이나 글로 표현해본다.

② 동화 『노래하는 혹부리 영감님』

- 사전 활동
  - '도깨비 나라' 노래를 유아들과 함께 부른다.
- 본 활동
  - 동화 『노래하는 혹부리 영감님』을 읽어준다.
- 추후 활동(시간축 사고 기법)
  - 내가 혹부리 할아버지처럼 도깨비 소굴에 혼자 있게 된다면 어떻게 할까요? 내가 도깨비였다면 나쁜 혹부리 할아버지를 어떻게 혼내주었을까요?

Chapter 8

문학적 접근을 통한 유아 논리 및 논술

1 총체적 언어 교육에서의 문학적 접근을 통한 유아 논리 및 논술

2 그림책 읽기를 통한 유아 논리 및 논술

01 총체적 언어 교육에서의 문학적 접근을 통한 유아 논리 및 논술

총체적 언어(whole language)에 영향을 준 학자는 듀이, 피아제, 비고스키, 홀리데이 등이다(이경우 · 이은화, 1994). 총체적 언어는 인간은 전체를 배우고 부분을 학습해 간다는 학습이론에 근거하여 글자, 소리, 문장에 나타나는 구절이나 문장을 따로 가리지 않고 언제나 언어가 사용되는 맥락 속에서 가르친다(김경자, 1994). 총체적 언어 교육에서 핵심적인 것은 읽기와 쓰기가 인위적 연습이 아닌 실제적 맥락에서 자연스럽게 접근된다는 것이다. 문학에 기초한 프로그램(literature-based program)은 여러 장르의 문학을 사용할 경우 발달적으로 적절한 읽기 교육이 될 수 있으며 읽기, 쓰기, 말하기, 듣기 등의 의사소통 영역을 통합할 수 있다(이경우 · 이은화, 1994).

총체적 언어접근에서의 문학적 접근은 다양하게 소개되고 있다.

총체적 언어는 유아를 사회적 존재로서의 학습자로 보기 때문에 소그룹으로 문학을 탐색하는 것이나 또래끼리의 활동을 강조한다(이경우, 1996). 비고스키는 유아의 실제적 발달 수준과 잠재적 발달 수준과의 차이를 근접발달지대(ZPD: zone of proximal development)라고 하였고 이러한 차이를 성인이나 또래와의 상호작용에 의하여 좁혀 간다고 하였다. 따라서 비고스키 이론의 맥락에서 보자면 다른 사람과의 상호작용은 좀 더 높은 잠재적 발달 수준에 도달하는 데 중요한 것이 된다. 유아교육기관이나 초등학교에서 '모둠학습'이나 '공유하기'를 강조하는 최근의 추세도 이러한 비고스키 이론이 그 기저에 깔려 있다고 볼 수 있다.

성인의 역할은 유아의 실질적인 정신연령과 성인의 지원을 받아 문제해결에 도달하는 수준과의 간격을 좁혀 주는 일이다(Salinger, 1988). 그러므로 언어학습에 있어서 성인의 역할이 중요하게 된다. 비고스키는 유아에게 문자를 베껴 쓰고 쓰여진 글자를 읽게만 하는 기계적인 교수를 반대한다. 읽기란 단순히 단어의 습득이 아니라 의미를 해석하는 문학에 기초한 활동을 통한 언어습득의 과정이라고 본다. 의미라는 것은 문학의 내용과 의사소통을 통해 자연스럽게 습득된다고 본다. 문학에 기초한 프로그램(literature-based program)은 여러 장르의 문학을 사용할 경우 발달적으로 적합한 읽기 교육이 될 수 있으며 읽기, 쓰기, 듣기, 말하기 등의 의사소통 영역을 통합할 수 있다(이경우 · 이은화, 1994).

굿맨(Ken Goodman, 1956)은 학교에서의 언어학습은 가정에서처럼 쉬워야 한다고 강조하면서 유아들이 단어를 전체적 맥락과 관계없이 의미 없는 상황에서 연습한다면 효과적인 언어학습이 이루어지지 못한다고 하였다.

로젠블란트(Rosenblatt, 1991)는 유아는 전체적인 이야기와 교류하는 경험을 해야 한다고 하였다. 유아들은 교류를 하면서 이미 가지고 있던 지식을 새 지식으로 바꾸고 새로운 것을 배우고 적용하게 되는 것이다. 유아들에게 내용이 풍부하고 삽화가 훌륭한 그림책을 소개하면 이것을 보면서 그림책 내용에 대해 총체적으로 반응하고 문자를 인식하게 된다.

루트만(Routman, 1991)은 유아들이 가설을 세우고 가설에 따라 활동하면서 실수도 해보고 스스로 수정하는 과정에서 학습한다고 하였다. 즉, 유아가 긁적거리기, 거꾸로 쓰기, 창안하여 글자쓰기, 읽기를 하는 동안 언어를 습득하게 된다고 하였다. 루트만은 글짓기의 단계를 다음의 4단계로 소개하였다.

- 원문에 기초해서 반복적인 형태로 이야기하기
- 부분적으로 변화시켜 짓기
- 대부분의 내용을 변화시켜 새로운 이야기 짓기
- 원문의 이야기를 살리되 완전히 새로운 짓기의 단계로 발달해간다.

즉, 유아는 이야기를 읽고 재구성할 때 위의 단계의 모습을 나타낸다고 하였다.

유아들은 반복을 통해서 학습한다. 이러한 반복은 의미 있는 활동 속에서 이루어져야 한다.

총체적 언어 교육에서 문학을 통한 접근은 유아들에게 의미 있는 문학을 통한 활동을 하면서 생각의 깊이를 더하게 해주는 것이다.

원래 총체적 언어 교육은 현재 상황적 맥락에서 언어를 습득하는 것이다. 말하기, 듣기, 읽기, 쓰기, 사고하기를 통합해서 언어발달을 증진시키는 것이다. 문학작품이라는 매개체를 통해서 말하기, 듣기, 읽기, 쓰기, 사고하기를 통합적으로 접근하는 것이 문학적 접근에 의한 총체적 언어 교육이다.

이러한 문학에 의한 접근으로 이경우(1996)는 8가지 교수 전략을 제시한다. 작가적 전략, 협동적 학습 전략, 게임 전략, 이해를 위한 전략, 이야기 구조인식을 위한 전략, 듣기 전략, 연출 전략, 시각 예술 전략 등이다.

1) 작가적 전략

작가적 전략이란 언어 확장 활동의 기초가 되는 것이다. 이것은 '짓기'를 하는 것인데 이러한 짓기는 비판적 사고를 길러준다. 유아는 자신의 생각을 정리하고 그것을 연결하며, 단어를 선택하는 과정에서 논리적이고 비판적인 사고를 할 수 있다.

작가적 전략의 활동들은 다음과 같다.

- 저널쓰기
- 등장인물에 대한 일기, 편지쓰기

- 관심 있는 단어나 문장을 모아 나의 단어책 만들기
- 작가, 주인공, 등장인물 등에게 편지쓰기
- 인상 깊은 장면을 보고 자신의 느낌을 그림이나 글로 적어보기
- 이야기의 개작, 재구성
- 동시 짓기, 제목 바꾸어보기
- 광고나 자서전 만들기
- 등장인물의 특징 묘사하기
- 여러 직업에 관한 이야기 쓰기 등

2) 협동적 학습 전략

협동적 학습 전략은 문학책을 읽고 나서 서로 토론하는 것이다. 이 방법은 유아가 또래들과 상호작용하면서 배우는 것이다. 문학그룹의 토론은 상호교류적인 읽기 과정을 강조한다. 유아들은 문학작품에 대한 토론을 하면서 논리적이고 합리적인 사고를 하게 되며 이것을 다시 말이나 글로 표현하면서 자신의 생각을 재정리할 수 있다.

토론은 유아들이 개별적으로는 이룰 수 없는 새로운 생각들을 함께 구성하는 기회를 제공하여 교류의 과정을 만든다(Peterson & Eeds, 1990).

협동하여 읽거나, 읽고 나서 느낌을 공유하여 어떠한 문제의 해결을 서로 모색해볼 수도 있다. 협동적 학습 전략은 유아들끼리 서로 도움을 주면서 합리적이고 더 큰 생각을 하게 하는 것이다.

3) 게임 전략

동화책에서 본 재미있는 단어에서 시작하여 끝말 이어가기 등의 게임을 할 수 있다. 『잃어버린 강아지』라는 동화를 읽고 이름이 세 글자인 동물을 적어볼 수도 있다.

4) 이해를 위한 전략

총체적 언어 교육에서는 상황적 맥락에서 활동을 하면서 단어의 의미를 이해하는 것을 중요하게 여긴다. 이러한 맥락에서 큰책(big books) 만들기와 읽기, 소리 내어 읽기를 계획한다. 또한 유아가 읽었던 책을 다시 재화하여 그림책으로 만들 수 있다. 이것이 이해를 위한 전략이다.

큰책(big books)은 홀다웨이(Holdaway, 1979)가 처음으로 언급한 것으로 보통 유아들의 책보다 훨씬 큰책을 말한다. 큰책을 보는 경험을 통해서 유아들은 책에 대한 매력을 더 많이 느끼고 좀 더 적극적으로 활동하게 된다.

총체적 언어 교육은 유아가 각각의 단어를 따로 아는 것이 아니라 의미 있는 상황에서 의미 있는 단어를 인식하게 되는 것이다.

캐사디(Cassady, 1988)는 큰책을 활용하는 3단계 방법을 제시했다.

(1) 큰책의 활용방법

① 단계 1: 큰 소리로 유아들에게 책을 읽어준다.

큰책을 읽어줄 때 교사 목소리의 크기와 높낮이의 변화를 유아가 느낄 수 있도록 하며 이야기의 내용과 그림을 보여준다. 이때 교사는 읽는 부분을 손가락이나 막대로 따라가면서 읽어주면 좋다. 이렇게 함으로써 책이 왼쪽에서 오른쪽으로, 위에서 아래로 쓰여져 있다는 것을 유아들이 자연스럽게 알게 된다.

단어, 문장, 페이지 같은 용어도 자연스럽게 사용한다. 예를 들어 "이 단어는 정말 재미있다", "5페이지를 보자!" 등이다. 이러한 용어나 개념들은 초기 유아들의 문해발달에 매우 중요하다(릴리안 스미드, 1953; 박화목 역, 1979).

② 단계 2: 이야기를 다시 읽어준다.

다시 읽고 싶은 책을 유아들에게 선택하게 한다. 같은 이야기를 자주 되풀이해서 읽어준다.

이를 통해 다음의 것을 학습하게 한다.

- 문자와 소리의 관계를 안다.
- 교사가 소리 내어 읽어줄 때 실수할 경우, 유아들은 의미에 대한 단서나 그림, 문장구조, 문자 등을 사용하여 수정할 수 있다.
- 프린트물의 규칙을 알 수 있다(표지, 제목, 왼쪽에서 오른쪽, 구두어와 문자어의 일치 등).
- 마침표, 따옴표, 구두점 등의 규칙에 대해 알게 된다.
- 예측해보는 기회를 가질 수 있다.
- 읽기의 목적인 의미와 재미를 알게 된다.

③ 단계 3: 유아 스스로 탐색하게 한다.

2~4명의 유아들이 같이 읽고 토론하고 그림에 대해 이야기하고 글자를 볼 수 있도록 큰책을 책상 위에 펼쳐 놓는다. 큰책이나 그림책과 함께 이야기가 책과 똑같이 나가는 테이프나 CD를 틀어주어도 좋다.

(2) 그림 보고 예측하기

그림책의 그림을 보고 유아들이 이야기의 내용을 예측해보는 경험을 해볼 수도 있다. 이러한 활동은 읽기 이전 단계의 유아들이 읽기에 대한 습관을 기르며 창의적이고 분석적인 사고를 하도록 도와준다. 다만 이 활동을 할 때 우리나라 유아들은 자신이 추측한 것과 글의 실제 내용이 맞았나, 틀렸나에 집착하고 좌절하는 경우도 있는데, 맞고 틀림이 목적이 아니므로 유아들 성향이나 상황에 따라 융통성 있게 운영한다.

이러한 활동의 예는 다음과 같다.

- 유아들에게 이야기의 제목을 크게 읽어주고 표지를 보여준다. 그리고 이 이야기가 무슨 이야기인지를 생각해보자고 한다.
- 책의 각각의 그림을 보여주고 각 그림에서 무슨 일이 일어나는지, 다음에는 어떤 일이 일어날지를 예측해본다.
- 이야기를 크게 읽어준 다음 유아가 예측한 것과 어떤 점이 같고 어떤 점이 다른지를 비교해보게 한다(이때 맞고 틀림에 너무 집착하지 않도록 유의한다).
- 그림을 자세히 보는 것과 사건의 순서를 잘 파악할 수 있도록 격려하고 유아들이 어휘와 문장을 발달시킬 수 있도록 한다.

5) 이야기 구조인식을 위한 전략

'이야기 구조 인식'에서 목표로 하는 것은 교사와 유아들이 그림책의 특징에 대해 이해하도록 하는 것이다. 유아는 책이 위에서 아래로, 왼쪽에서 오른쪽으로 쓰여져 있다는 것을 알게 된다. 그리고 이야기에는 구조가 있다는 것을 알게 된다. 즉, 작가와 삽화가가 있으며 배경과 등장인물, 이야기가 있다는 것을 알게 된다(이경우, 2001).

- 사건의 연속성이 있는 이야기: 그림책 대부분은 사건의 연속으로 이어지는 구조를 가지고 있다. 이런 그림책으로 '사건의 연속'과 관련된 활동을 할 수 있다.
- 목록과 연속이 있는 이야기: 제목과 개념, 등장인물이 나열되어 있고 이러한 것끼리 연결될 수 있는 책이다. 이런 책으로는 조사하는 활동을 할 수 있다.
- 비교와 대조가 있는 이야기: 이야기 속에 두 가지 이상의 사건이나 인물을 비교-대조하는 책이 있다. 비교-대조하기는 이야기 속의 인물을 비교하거나, 같은 이야기를 가진 다른 책을 비교-대조할 수 있다. 그러므로 이 활동은 그림책 한 권으로 할 수도 있고 여러 권으로 할 수도 있다.
- 질문과 대답이 있는 이야기: 이 활동은 책을 읽고 교사가 질문을 하면 유아가 그림책에서 답을 찾아 말하는 것이다.
- 운율과 반복이 있는 이야기: 반복되는 운율이 있는 그랩책은 읽거나 듣기에 좋고 유아들도 매우 재미있어 한다. 이러한 그림책으로 '이야기 다시 꾸미기'와 같은 활동을 할 수 있다.
- 진술과 정교화가 있는 이야기: 이러한 그림책을 본 후 유아들이 '자신만의 독창적인 그림책'을 만들어볼 수 있다.
- 문제해결이 있는 이야기: 문제해결이 있는 그림책으로 '주원문해(SWBS)' 활

동을 할 수 있다.

- S(Somebody): 주인공
- W(Wanted): 원했다.
- B(But): 그런데 문제가 있다.
- S(So): 그래도 해결했다.

- 원인과 결과가 있는 이야기: 이러한 그림책은 자주 볼 수 있다. 이러한 그림책으로는 문제의 원인과 결과를 알아보는 활동을 할 수 있다.

6) 듣기 전략

그림책을 보면서 이야기를 듣는 것은 이야기에 대한 이해를 돕는다. 그러므로 도서 영역에 그림책과 더불어 그림책과 똑같이 나가는 테이프나 CD, 관련 테이프나 CD를 비치해 두는 것도 중요하다.

7) 연출 전략

문답의 형식을 가지고 있거나 리듬이 있는 동요나 동시를 함께 소리 내어 읽는 것이다. 허용적인 분위기를 제공하고 격려를 해준다면 유아들이 더욱 적극적으로 참여하게 된다.

인형극을 준비하면서 이야기를 재창작하거나 즉흥극을 해볼 수도 있다. 팬터마임도 할 수 있다. 이러한 활동들은 많은 준비가 필요한데 이러한 준비의 과정을 유아들이 직접 경험할 수 있도록, 유아들이 활동을 처음부터 끝까지 주도적으로 할 수 있도록 해주는 것이 중요하다.

8) 시각 예술 전략

작품에 나오는 광고판이나 표지판 등을 유아들이 실제로 만들어보는 경험을 할 수도 있다.

유아들은 자신이 그림을 그리고 그것을 감상하며 이야기를 만들어 보는 경험을 통해서 창의성과 논리적 사고를 발달시킨다.

02 그림책 읽기를 통한 유아 논리 및 논술

여기서는 유아의 그림책 읽기 지도를 사전 활동, 본 활동, 추후 활동의 세 단계로 나누어본다. 유아 그림책 읽기 지도의 목적은 책에 대한 바람직한 성향을 길러주고 사고력과 상상력을 기르며 심미적 감상력을 길러주는 데 있다.

신헌재(1993)는 읽기 전에 할 수 있는 활동으로 읽기 자료에서 단어가 어렵지 않음을 확신시키기, 배경지식 이야기하기, 독서의 목적 이야기하기 등을 들었다. 읽기 중에 할 만한 활동으로는 간단한 질문하기, 시간순서 점검하기, 순서대로 카드 배열하기, 빈칸 채우기 등을, 읽은 후에 할 만한 활동으로는 토의하기, 극화하기, 작품의 내용과 다른 결말 상상하기, 그림그리기, 역할놀이 등을 제시하였다.

이재승(1997)은 읽기 전 활동으로 동기 유발, 예측하기, 목적 세우기, 배경지식 이야기하기, 독서방법 안내하기 등을 들었다. 읽는 중의 활동으로는 구조를 생각하며 읽기, 질문하기, 추론하기, 연상하기, 점검하기, 협의하기, 메모하기 등을 들었다. 읽은 후의 활동으로는 독서기록표 만들기, 장르 바꾸어 보기, 토의하기, 창조하기 등을 들었다.

그림책 읽기 지도에 있어서 교사나 부모의 발문은 중요한 역할을 한다. 노명완 · 박영목 · 권경한(1998)은 발문의 종류를 세 가지로 나누었다. 첫 번째는 글에 있는 내용 그 자체에 관심을 집중시키는 '사실적 질문', 두 번째는 글에 있는 내용을 해석해야 하는 '해석적 질문', 세 번째는 글의 내용을 바탕으로 다른 사태나 상황으로 이어 생각해야 하는 '적용적 질문'이다. 여기서는 읽기 전, 읽는 중, 읽은 후 활동의 예와 더불어 위의 세 가지 질문을 중심으로 하여 유아들의 사고를 유도할 수 있는 유아 그림책 지도의 실제를 살펴보고자 한다.

1) 읽기 전 활동

사전 활동에서 중요한 것은 책에 대한 호기심과 동기를 유발시키는 것이다. 이것을 위해서는 책의 내용에 대한 배경을 얘기해 줄 수도 있고, 등장인물에 대한 간단한 소개를 하여 책을 읽고 싶은 마음이 생기도록 해야 한다.

읽기 전 사전 활동을 구체적으로 살펴보면 다음과 같다.

(1) 배경지식 이야기하기

신헌재(1993)는 책을 읽기 전 활동으로 배경지식을 이야기해 주어야 한다고 하였다. 최근의 연구들도 사전 배경지식의 중요성을 강조하고 있다. 유아는 배경지식을 많이 가질수록 쉽게 이해한다. 유아의 배경지식을 기록하기 위한 방법으로 K-W-L 차트를 활용할 수 있다(Ogle, 1989). K는 'What we know(알고 있는 것)', W는 'What we to know(알고 싶은 것)', L은 'What we learned(알게 된 것)'을 의미한다.

이것에 대한 예는 다음과 같다(이경우, 2006).

표 8-1 **K-W-L 차트**

알고 있는 것(K)	알고 싶은 것(W)	알게 된 것(L)
정원에는 꽃이 있다. 정원에는 나무가 있다. 정원에는 흙이 있다.	정원은 어떻게 생겼을까? 어떤 꽃과 나무들이 있을까? 곤충과 동물들이 살고 있나? 정원은 누가 돌보아주나?	들장미, 초롱꽃, 데이지 꽃 등이 있다. 벚나무, 딱총나무도 있다. 꽃들도 사랑받고 싶어 한다. 정원은 정성껏 돌봐야 한다.

(2) 음률 활동

책에 대한 동기유발과 이해를 위해서 책의 내용과 관련된 노래와 율동을 할 수 있다.

(3) 표지탐색 활동

제목이나 표지를 보고 책의 내용을 짐작해볼 수 있다. 이러한 활동으로 책에 대한 흥미를 가질 수 있고 읽을 내용을 상상해볼 수 있다. 다만 이 활동을 유아들과 실제로 해보면 자신이 예측한 것과 실제 글의 내용이 맞는지, 틀리는지에 대해 관심이 많아서 예측한 대로 내용이 전개되지 않을 시에는 좌절을 하는 경우도 있다. 따라서 예상한 내용이 맞고 틀림이 목적이 아니라는 점을 말해주고 융통성 있게 접근하는 것이 바람직하리라 여겨진다.

(4) 브레인스토밍

책의 제목이나 표지를 보고 연상되는 생각이나 단어를 많이 말해보는 것이다.

(5) 내용과 관련된 다른 그림책 소개하기

예를 들어 '사노 요코브릭스'의 『아저씨 우산』이라는 책의 제목을 보고 '우산'과 관련된 다른 책을 함께 소개해줄 수도 있다.

(6) 그림책 읽기 전 발문의 예(노명완 외, 1998)

① 그림이나 삽화에 대해서

- 이 그림을 보니 앞으로 어떤 일이 일어날 것 같니?(해석)
- 이 그림은 무엇을 말해주고 있을까?(해석)
- 그림만 보고 주인공에게 어떤 일이 일어날지 이야기해보자(해석).
- 그림만 보고 이야기해보자.

② 제목에 대해서

- 제목만 보고 이 책의 내용을 말해보자(해석).
- 제목을 바꾸어보자(해석).
- 제목을 보고 이야기의 내용이나 결말을 예측해보자(해석).
- 제목을 보고 생각나는 것이 있는가? 관련된 경험이 있는가?(적응)
- 이 제목의 뜻은 무엇인가?(해석)

③ 지은이에 대해서

- 이 이야기의 지은이 이름을 알아보자. 지은이가 지은 다른 책을 본 적이 있나요?(사실)
- 이 이야기의 지은이에 대해서 받은 느낌이 있나요?(해석)

2) 읽는 중의 활동

읽는 중의 활동은 이야기나 본문의 구성방식에 몰입하는 데 방해가 되어서는 안 된다. 유아들이 독서의 내용에 반응을 보일 때 짧게 반응해주고, 이야기에 몰입할 수 있도록 진행해야 한다(김소양 · 이경화 · 채종옥, 2006).

따라서 읽는 중의 활동은 신중하게 선택할 필요가 있다. 읽는 중 활동으로 신헌재(1993)는 간단한 질문하기, 시간순서 점검하기, 순서대로 카드 배열하기, 빈칸 채우기 등을 제시하였다. 이재승(1997)은 읽는 중의 활동으로 구조를 생각하며 읽기, 질문하기, 추론하기, 연상하기, 점검하기, 협의하기, 메모하기 등을 제시하였다.

읽는 중의 활동을 구체적으로 살펴보면 다음과 같다.

(1) 질문 만들기

책을 읽으면서 유아가 의문 나는 것을 적어두게 한다. 이러한 질문은 책을 읽으면서 자연스럽게 해결될 수도 있다. 그렇지 않은 것은 책을 읽은 후 의문점을 여러 가지 방법으로 해결해보게 한다. 때로는 토론을 통해 문제해결을 해볼 수도 있다.

(2) 새롭고 재미있는 곳 표시하기

책을 읽으면서 몰랐던 사실, 배울 만한 가치가 있다고 생각되는 것을 표시할 수 있다.

(3) 개인적인 반응하기

책을 읽으면서 떠오르는 의견, 의문, 감상, 상상 등을 적어볼 수 있다. 이러한 것은 읽은 후 토론의 주제도 될 수 있다.

(4) 예측하기

다음의 내용을 현재 장면에서 예측해볼 수 있다.

(5) 연상하기

책을 읽으면서 내용이나 그림과 관련하여 떠오르는 단어, 경험, 장면 등이 있으면 메모하면서 읽을 수 있다.

(6) 읽는 중 대화하기

꼭 필요하다고 생각되는 경우에 책의 내용에 대해 이야기해볼 수 있다. 그러나 이것은 꼭 필요한 경우이지 읽는 중에는 되도록 책의 흐름에 집중하는 것이 바람직하다.

(7) 읽는 중에 할 수 있는 독서표현 활동

① 문학 지도

유아들이 책을 읽으면서 책 속의 배경, 인물, 사건 등과 같은 정보를 알고, 해석하는 것은 유아들의 이해를 높일 수 있다.

② 인물 지도

인물들의 특성을 알 수 있다.

③ 인물망

인물들의 분석에 활용된다. 인물들 간의 관계의 흐름을 알 수 있다.

④ 감정표

각각의 입장에서 생각해볼 수 있다.

⑤ 독서일지

하나의 책을 읽은 후 개개인의 소감이나 느낌을 알 수 있다.

⑥ 대조표

읽기 전 · 중 · 후에 모두 할 수 있는 활동으로 서로 반대되는 인물이나 개념을 확인할 수 있다.

(8) 책을 읽는 중 할 수 있는 발문(노명완 외, 1998)

① 그림에 대해서

- 이 그림은 무엇을 뜻하는가?(사실)
- 이 그림에서 어떤 일이 벌어지는가?(사실)
- 이 그림의 인물표정은 어떠한가? 그 표정으로 무엇을 알 수 있나? 지금 그의 심정은 어떠한가?(해석/적용)
- 다음 장에는 어떤 그림이 나올까?(해석/적용)
- 이 그림에 대해서 어떻게 생각하는가?(해석)

② 인물에 대해서

- 지금까지 읽은 내용으로 미루어보아 이 인물은 어떤 사람이라고 생각하는가? 왜 그렇게 생각하는가?(해석)
- 이 인물은 지금 어떤 감정을 갖고 있을까? 왜?(해석)
- 이 인물은 어떤 일을 하였나?(사실)
- 만일 네가 이야기 속의 ~라면 너는 앞으로 어떻게 할 것인가?

③ 구성에 대해서

- 지금까지 어떤 일이 일어났는가?(사실)
- 다음에 어떤 일이 일어날 것 같은가? 그 이유는?(해석)
- 이 말(행동)은 무슨 뜻인가?(해석)
- 너라면 주인공의 문제를 어떻게 해결하겠는가?(적용)
- 주인공의 말(행동)에서 어떤 느낌을 받았는가?(해석)
- 다른 해결방법은 없을까?(적용)

3) 책을 읽은 후의 활동

책을 읽은 후에는 유아들의 흥미, 관심에 따라서 여러 가지 추후 활동을 할 수도 있다.

책을 읽고 난 후의 활동은 읽은 내용을 다시 한 번 되새겨보고 그 내용을 심화, 이해하게 하며, 읽은 내용을 감상, 체험할 수 있는 기회를 줌으로써 읽은 것을 자기 것으로 만들게 한다(이재승, 1997). 유아는 읽고 난 후의 활동을 통해 논리적이고 창의적인 사고를 할 수 있게 되며 책에 대한 관심을 이어갈 수도 있다. 이재승(1997)은 읽고 난 후의 활동으로 독서기록표, 다른 장르 꾸미기, 토의하기, 참조하기 등을 들고 있다.

읽고 난 후의 활동을 구체적으로 살펴보면 다음과 같다.

(1) 이야기의 내용과 유아의 경험 관련짓기

- (제목을 보고 이야기를 예측하며) 이야기의 인물이나 사건에 대해서 말해볼까요?(해석)
- 이 이야기의 내용과 비슷한 경험을 한 적이 있나요?(적용)
- 이 책의 내용과 비슷한 이야기를 들어본 적이 있나요?(사실/적용)
- 이 이야기에서 사람들은 왜 그렇게 행동했는가?(해석)
- 만일 네가 이 이야기의 ~라면 너에게 어떤 일이 일어나겠는가?(해석)
- 만일 네가 이 이야기의 ~라면 너는 어떻게 하겠는가?(적용)
- 이 이야기의 인물을 통해서 특별히 생각나는 사람이 있는가?(적용)
- 내가 만약 주인공이라면 어떻게 하였을까?(적용)

(2) 내용 요약하기

내용 요약하기는 논리적 사고나 논술에 있어서 기초적이고 중요한 활동이다. 그러나 유아에게 내용 요약은 다소 어려울 수가 있다. 이를 위해서 처음에는 교사가 전체 내용의 요약을 하되 처음 또는 중간, 끝 부분 중 하나를 비워두어 유아가 말해보거나 적게 한다. 이러한 연습 후에 유아가 전체를 간단히 요약해볼 수 있다.

(3) 이야기 나누기

책을 읽은 후 책에 나오는 등장인물, 사건, 주제, 배경 등에 관해서 서로 이야기 나누어볼 수 있다.

(4) SWBS 도표

책을 읽은 후 유아들이 책에 대한 이해를 깊게 하고 의미를 창조할 수 있는 전략들이 있다. 이 중 캘리포니아(California) 주립대학의 바바라 슈미트(Dr. Barbara Schmidt)가 개발한 이해기술을 이경우(2006)가 소개한 SWBS 도표가 있다. 이 방법은 유아기와 초등학교 저학년 아동들이 많이 읽는 짧은 이야기에 적절하다 .

SWBS는 Somebody, Wanted, But, So의 약어로서 도표로 구성되어 있고 이야기를 읽고 난 다음 만들 수 있다.

『씩씩한 마들린느(Madeline's Rescue)』에 대해 SWBS를 이용해서 도표로 만들면 다음과 같다(이경우, 2006).

표 8-2 SWBS 도표의 예(씩씩한 마들린느)

S (Somebody)	주인공	마들린느와 클라벨 양을 포함한 다른 11명의 소녀들
W (Wanted)	원했다.	마들린느를 구한 강아지를 기르고 싶었다.
B (But)	그런데 문제가 있다.	장학사는 강아지를 학교에서 내보내라고 했다.
S (So)	그래도 해결했다.	강아지가 11마리의 새끼를 낳아 학교에 다시 돌아와 11명의 소녀는 모두 강아지를 갖게 되었다.

(5) 그림책에 관련된 장소 견학하기

그림책에 관련된 장소를 견학하는 것은 추상적인 것들을 실제로 만날 수 있는 활동이다.

(6) 작은 책 만들기(북아트)

작은 책 만들기(북아트)는 책에 대한 이해를 높이고 창의성과 글쓰기 능력을 향상시킬 수 있다. 유아들은 책 만드는 과정을 통해 책에 대한 관심을 높일 수 있다. 더불어 읽기, 생각하기, 말하기, 그리기, 만들기, 쓰기 등 여러 가지 능력이 향상될 수 있다.

(7) 그림 그리기나 만들기

배경이나 장면 등을 그리거나 만들어보는 활동이다. 이러한 활동은 책을 좋아하지 않은 유아들에게도 책을 친밀하게 느끼게 할 수 있다.

(8) 글쓰기(독서기록, 동시나 동화 짓기, 언어활동 등)

책을 읽은 후에 느낌 쓰기, 줄거리 바꾸어 보기, 뒷이야기 이어 쓰기, 장르 바꾸어 보기(이야기에서 시, 희곡으로, 시에서 이야기로), 책을 다른 사람에게 소개하는 글쓰기, 저자가 되어 이야기를 지어보기 등이 있다.

(9) 벤다이어그램

책을 읽고 난 후 비교하기와 대조하기의 활동을 하는 것은 책에 나온 개념을 이해하는 데 많은 도움을 준다. 한 권의 책 속에서 또는 두 권의 책을 읽고 난 후 인물이나 배경, 단어 등에 대해 비교와 대조하기 활동을 할 수 있다.

(10) 극놀이 활동

책을 읽은 후 대집단, 소집단, 개별로 극놀이를 해볼 수 있다. 이는 유아의 어휘력, 상상력, 창의성을 키울 수 있다.

또한 동화구연은 사건의 순서 짓기, 완전한 문장 사용하기, 주의 깊게 듣기를 위한 학습을 하는 데 도움이 된다(이경우, 2006).

(11) 책을 읽은 후 할 수 있는 발문(노명완 외, 1998)

책을 읽은 후 발문의 예이다. 이러한 발문들 중에서 유아에게 적절한 발문, 변형시켜서 하면 될 발문 등을 선택하여 활동해도 좋다.

① 인물과 구성에 대해서

- 이야기 내용 중에서 좋았던 부분과 싫었던 부분을 표현해보자(사실).
- 이 이야기를 모르는 친구에게 들려준다 생각하고 내용을 말해보자(사실).

- 만일 네가 이야기의 주인공이라면 이런 일을 당했을 때 어떻게 느끼겠는가?(해석)
- 이 이야기의 인물에 대해서 우리는 무엇을 알았는가?(사실)
- 이 이야기의 사건(갈등, 문제 등)을 푸는 방법은 없을까?(해석)
- 이 이야기의 인물 중에서 자기의 생각을 바꾼 사람이 있는가? 어떻게 왜 바꾸었는가?(해석)
- 이야기의 인물 중에서 가장 만나고 싶은 사람은 누구인가? 왜?(해석)
- 이 인물은 이때 어떤 생각이나 느낌을 가졌을까?(해석)
- 이야기의 인물이 다른 결정을 내릴 수도 있을까? 그 결과는 어떠할까?(해석)
- 너는 이야기의 인물들 중 누가 되고 싶은가? 왜?(해석)
- 네 생각에 이야기의 인물은 이 사건을 통해서 무엇을 깨달았을까?(해석)
- 왜 이 인물은 그렇게 행동했나? 다른 방법은 없었을까?(해석)
- 이야기의 인물들 중 서로 비슷한 사람들은 ? 다른 사람들은?(해석)
- 주인공의 생각이 왜 이렇게 바뀌었나?(해석)
- 이 사건이 주인공의 인생에 어떤 변화를 가져올까?(해석)
- 인물들 중 특히 좋은 인물은? 그의 행동은? 왜?(적용)
- 인물들 중 도중에 마음을 바꾼 사람이 있는가? 왜 그랬을까?(해석)
- 이야기에 나오는 말 중 특별히 마음에 드는 말이 있는가? 왜 그런가?(사실/해석)
- 지금까지의 줄거리로 보아 주인공은 앞으로 어떻게 될까?(적용)
- 주인공과 비슷한 처지에 있어본 적이 있는가? 그때 너는 어떻게 하였나?(적용)
- 이야기를 읽고 어떤 느낌이 들었나?(해석)
- 이야기를 읽고 특별히 생각나는 일이나 사람이 있는가? 누구인가? 어떤 점

에서 비슷하고 다른가?(적용)

② 이야기 내용에 대해서

- 이 이야기에 대해 어떻게 생각하는가?(해석)
- 이 이야기의 내용 중에서 가장 좋은 부분은 어떤 것인가? 왜?(해석)
- 이야기의 내용을 나타내는 그림 중 어느 그림이 제일 중요한 내용을 담고 있다고 생각하는가? 왜?(해석)
- 이야기의 내용 중 전혀 예상하지 못했던 부분은 무엇인가?(해석)
- 이야기의 내용 중 우리 생활에도 '있을 법한' 것은 무엇이고, '있음 직하지 못한 것' 은 무엇인가?(해석)
- 이 이야기는 무엇을 가르쳐 주려고 하고 있으며 어떤 방법으로 가르쳐 주고 있는가?(해석)
- 이야기의 제목을 바꾸어보자. 왜 그런 제목으로 바꾸었나?(해석)
- 만일 이 이야기를 다시 쓴다면 바꾸고 싶은 내용은 무엇인가? 어떻게 바꾸고 싶은가? 왜?(해석)
- 이야기에 나오는 내용 중 나에게도 일어났으면 좋겠다고 생각되는 부분이 있는가? 무엇인가? 왜?(해석)
- 이야기의 내용과 비슷한 경험을 한 적이 있는가?(적용)
- 이야기의 내용 중에서 하나(둘 또는 셋)만 내용을 바꾸어보자. 어떻게 바꾸겠는가? 왜?(적용)
- 이 이야기와 비슷한 이야기가 있는가? 있다면 무엇인가? 어떤 점이 비슷한가?(적용)
- 이야기의 지은이가 제목을 왜 그렇게 정했는지 생각해보자(해석).

③ 지은이에 대해서

- 만일 이야기의 지은이가 여기 있다면 무슨 질문을 하겠는가?(해석)
- 이야기의 내용 중 그림으로 나타냈으면 좋겠다고 생각되는 것이 있는가? 어떤 내용인가?(해석)
- 지은이는 이야기의 결말을 왜 그렇게 끝냈을까?(해석)
- 결말을 다르게 해보자(해석).

Chapter 9

철학적 탐구 공동체를 통한 유아 논리 및 논술

01 철학적 탐구 공동체의 배경

철학적 탐구 공동체는 사고 교육이 강조되기 시작한 1970~80년대 미국의 교육 개혁에서 비롯되었다. 이때 미국에서는 아이들에게 생각하는 능력을 가르쳐야 한다는 것이 심리학자나 교육학자들에 의해서 강조되면서 비판적 · 논리적 사고 프로그램이 개발되었다. 이 중에서 IAPC(Institute for the Advancement of Philosophy for Children)의 어린이를 위한 철학 프로그램(P4C: Philosophy for Children)은 독보적이었다.

1969년 이후 립맨(Lipman, 1991)과 IAPC는 유아도 철학을 할 수 있다는 신념, 즉 유아도 스스로 생각할 수 있다는 신념을 교육현장에서 구체적으로 펼치기 시작했다. 립맨과 동료들은 현재 학생들이 사고하는 습관을 제대로 형성하고 있지 않고 낮은 수준의 사고를 하고 있음을 인식하고 학생들이 좀 더 높은 수준의 사고를 할 수 있도록 해야 한다는 신념을 가지게 되었다. 이러한 신념하에 어린이를 위한 철학 프로그램을 1969년에 개발하였다.

이러한 철학 프로그램은 그 효과도 검증되었는데 특히 언어 능력, 추론 능력에서 효과가 뛰어난 것으로 보고되고 있다.

캠(Cam, 1995)은 립맨의 어린이를 위한 철학 프로그램을 철학적 탐구교실(Philosophical Inquiry for the Classroom) 프로그램으로, 스플리터와 샤프(Splitter & Sharp, 1995)는 탐구교실 공동체 프로그램(Classroom Community of Inquiry)으로 발전시켰다.

립맨의 어린이를 위한 철학 프로그램을 조선희 · 유연옥(1998)은 유아교육현장에 적용, 변형하여 철학적 탐구 공동체 접근법(Philosophical Inquiry for the

Community)이라고 하였다.

여기서는 이러한 철학적 탐구 공동체의 방법을 적용하여 유아들의 논리적 사고와 논술을 지도하는 것을 서술하고자 한다.

02 철학적 탐구 공동체를 통한 유아 논리 및 논술

이 장에서는 철학적 탐구 공동체를 통해서 유아의 논리적 사고와 논술 능력을 키우는 방법을 서술하고자 한다.

1) 교육목표

철학적 탐구 공동체의 목표는 유아가 스스로 바르게 생각할 수 있는 능력을 키우는 것이다. 즉 상위 수준의 사고 능력인 비판적 사고, 창의적 사고, 배려적 사고 능력을 키워서 합리적이고, 논리적이며, 창의적인 사람으로 유아가 성장하게 하는 것이다. 이것은 곧 민주시민으로서의 기초교육 중 하나가 되는 것이다.

유아는 다음과 같은 구체적인 사고기술의 함양을 통해서 상위 수준의 사고 능력을 키울 수 있다(조선희 · 유연옥, 2001).

(1) 질문생성 기술

질문하는 능력을 기른다.

유아는 동화를 듣고 질문을 만들고 상호 간에 질문을 할 수도 있다. 이것은 유아가 사물에 대한 민감성과 호기심을 가지게 하고 그것을 질문으로 연결하는 능력을 기르게 한다.

(2) 이유 · 증거 제시 기술

이유나 증거를 제시하는 능력을 기른다.

유아는 자신의 의견에 대해 이유를 제시하고 알아낸 것에 대한 방법을 제시할 수 있다. 이것은 유아 스스로 이유나 정보원을 찾아보고 제시할 수 있는 능력을 기르게 한다.

(3) 대안적 사고 기술

대안적인 사고를 하는 능력을 기른다.

유아는 질문에 대해 다른 관점에서 생각해볼 수 있고, 읽은 동화의 중심생각을 가지고 동화를 다시 만들어볼 수도 있다. 이것은 유아가 창의적이고 다양한 생각을 하도록 한다.

(4) 명료화 기술

개념을 명료화하는 능력을 기른다.

유아는 여러 개념에 대해 정의를 내려볼 수 있고 개념들 간을 관계 짓고 비교 · 대조해볼 수 있다. 이것은 유아들이 개념을 명료화하게 한다.

(5) 포함 · 관계 탐색 기술

유용한 구분이나 적절한 비교 및 대조를 할 수 있는 능력을 기른다.

유아는 유사하지만 차이가 있는 대상들을 서로 관련지을 수 있다. 이것은 유아들이 구분하고 비교하며 대조해볼 수 있는 능력을 갖게 한다.

(6) 예 들기 기술

적절한 예를 들 수 있는 능력을 기른다.

유아는 자신의 주장이나 의견에 대해 예를 들고 합당한 이유를 제시하고자 한다. 이것은 일치되는 예와 반대되는 예를 제시할 수 있는 능력을 기르게 한다.

(7) 추론 기술

관련된 추론을 할 수 있는 능력을 기른다.

유아는 자신이 한 말이나 상황에 대한 전제를 말할 수 있다. 또한 자신이 겪지 못한 일의 결과를 예측해볼 수도 있다. 이것은 유아들이 전제를 제시하고 결과를 예측할 수 있는 능력을 갖게 한다.

2) 교육내용

유아들은 주로 동화에서 동화의 중심생각을 토론의 주제로 삼고 그 주제에 대해 생각하고 토론한다. 주제는 여러 가지가 될 수 있다. 예를 들어 다문화 · 반편견에 대한 것, 친구, 자연, 성장, 행복 등 매우 다양하다. 책의 내용에서 유아들과 토론할 수 있는 토론거리를 뽑아낸다. 뽑아낸 토론주제를 가지고 유아들이 자신의 경험과 생각을 자유롭고 구체적으로 말할 수 있도록 한다. 토론 후에는 자신의 생각을 글로 정리해볼 수 있다. 이러한 활동을 통해서 유아들은 비판적 사고, 창의적 사고, 배려하는 사고, 논리적 사고를 함양한다.

3) 교수-학습 방법

철학적 탐구 공동체의 교수-학습 방법은 동화 선정, 토론계획 수립, 동화 제시, 토론주제 선정, 철학적 토론, 동화 만들기, 동극하기의 7단계이다. 이러한 7단계에서 동화 선정, 토론계획 수립, 동화 제시, 토론주제 선정, 철학적 토론의 5단계를 기본 활동으로 한다. 동화 만들기와 동극은 유아들의 관심이나 흥미 등을 고려하여 추후 활동으로 할 수 있다.

이러한 활동은 전체를 하루에 하는 수업으로 진행할 수도 있고, 하루에 20분 정도의 활동으로 나누어서 며칠 동안 할 수도 있다. 교사가 먼저 동화 선정과 토론계획을 수립한 후 유아들과 함께 동화 제시, 토론주제 선정, 철학적 토론, 동화 만들기, 동극하기의 활동을 할 수 있다.

표 9-1 교수-학습 단계

단계	활동	활동의 내용
단계 1	동화 선정	
단계 2	토론계획 수립	
단계 3	동화 제시	
단계 4	토론질문 선정	① 질문 만들기 ② 질문 묶기 ③ 질문 선정
단계 5	철학적 토론	① 토론질문을 동화에서 살펴보기 ② 철학적 토론 전개 ③ 토론 평가
단계 6	동화 만들기	① 동화의 중심내용 정하기 ② 동화의 배경 정하기 ③ 동화의 사건과 등장인물 정하기
단계 7	동극	① 배역 정하기와 소도구 준비 ② 동극 상연 ③ 동극 평가

출처: 조선희 · 유연옥(2001)

(1) 단계1: 동화 선정

동화는 유아들이 일상생활 속에서 많이 접하고 관심 있어 하는 것이므로 토론주제를 선정하기에 좋은 매체이다. 철학적 탐구 공동체에서 동화는 두 가지 중요한 면을 가진다. 첫째는 동화가 유아들이 생각할 수 있는 맥락을 제공한다는 것이다. 둘째는 동화는 유아들에게 상위 수준의 사고를 제시해준다는 점이다.

따라서 철학적 토론에 적절한 동화는 유아들이 철학적 호기심을 가질 수 있고 등장인물이 상위 수준의 사고나 성향을 보여주는 것이 좋다. 그러나 일반적으로 좋은 동화책들에서도 충분히 철학적 질문들을 끌어낼 수 있다. 유아교육기관에서는 국가 수준의 교육과정(보육과정)에 제시된 생활주제와 관련된 질문을 이끌어낼 수 있는 동화책을 선정해도 될 것이다.

(2) 단계2: 토론계획 수립

교사는 동화를 선정한 후 토론계획을 수립해야 한다. 토론계획은 동화의 중심생각을 유아들과 함께 토론해볼 수 있도록 세워야 한다. 토론계획은 첫째, 동화를 읽고 주요 개념과 중심생각을 이해한다. 둘째, 동화를 읽고 생각나는 철학적 질문들을 모두 적어본다. 셋째, 질문들 중에서 중심생각이 비슷한 것끼리 묶는다. 넷째, 중심생각에 대한 토론계획을 세운다.

교사는 토론과 더불어 개념들 간의 관계 짓기, 유사점과 차이점 알기, 생각 분류하기 등의 활동을 할 수 있다.

(3) 단계3: 동화 제시

언어발달이 아직 미숙한 유아들이므로 동화는 교사가 큰소리로 읽어주는 것이 좋다. 유아들에게는 그림책이 가장 적절한데 그림책은 주의집중도 훨씬 수월하다.

(4) 단계4: 토론질문의 선정

토론질문의 선정은 질문 만들기, 관련 있는 질문 묶기, 토론을 위한 질문 선정의 세 과정으로 나눈다.

① 질문 만들기

철학적 토론에 적절한 질문으로는 유아들에게 관심과 흥미가 있고 지속적으로 토론하기에 의미가 있는 것이 좋다. 유아들이 말한 질문거리를 모두 받아 적도록 한다. 보통 유아들은 자신에게 흥미 있거나 이상한 것을 질문한다. 이 중에서 교사는 쉽게 대답을 찾을 수 없고 지속적인 토론이 가능하며 가치가 있는 질문을 선정한다.

② 관련 있는 질문끼리 분류하기

관련 있는 질문끼리 분류할 때는 질문의 중심생각이 무엇인지 생각해보고 중심생각에 따라 분류하도록 한다.

③ 토론질문 선정

토론해보고 싶은 질문을 선정한다. 이때에는 교사와 유아가 함께 선정하거나, 토론하기에 적절하고 매우 가치 있다고 여겨지는 질문은 교사가 이끌 수도 있다.

(5) 단계 5: 철학적 토론 활동

질문을 선정한 후 교사는 유아들과 토론을 진행한다. 토론은 질문 선정 후 바로 할 수도 있고 다음날 할 수도 있다.

토론 활동에서 교사는 주로 촉진자, 격려자, 비계설정자, 반론제기자의 역할을 할 수 있다. 토론을 처음 할 때 교사는 유아에게 질문도 하고, 이유를 말해보게도 하고, 예를 들게 할 수도 있다. 유아들이 토론에 익숙해지면 점차 교사의 개입은 줄어든다. 토론 시에는 특히 유아들이 상대방의 말을 잘 듣도록 하는 것이 중요하다. 논리적 사고와 논술에서는 자신의 생각을 논리적이고 합리적으로 잘 표현하는 것 못지않게 다른 사람의 의견을 잘 듣는 것이 중요하기 때문이다.

토론 시에 교사가 유의해야 할 점은 다음과 같다(조선희 · 유연옥, 2001).

첫째, 교사가 토론을 주도하지 않도록 해야 한다. 특히 교사가 누구 생각이 옳다, 누구 생각이 재미있다는 등의 얘기를 해서 교사가 토론의 주도권을 잡고 있다는 느낌을 주어서는 안 된다.

둘째, 유아들과 동화내용을 학습하는 데 중점을 두어서는 안 된다.

셋째, 유아들의 지적 능력을 과소평가하지 않도록 한다.

넷째, 모든 유아가 골고루 참여할 수 있도록 한다.

교사는 철학적 토론과정에서 다음과 같은 점을 유의해야 한다(Cam, 1995).

- 유아가 말하는 것의 의미가 분명한가?
- 유아가 앞서 말한 것과 지금 말하고 있는 것 사이에 일관성이 있는가?
- 유아들 간에 서로 일치하지 않는 점이 있는가?
- 유아들이 서로 다른 견해나 대안을 갖고 있는가?
- 유아가 판단을 할 때 준거를 따르는가?
- 사물들 간의 비슷한 점이나 차이점을 탐색하여 적절한 구분을 하는가?
- 결론을 내릴 때 근거 없이 비약하지는 않는가?
- 유아가 하는 말의 숨은 뜻이나 함의가 무엇인가?
- 유아가 필요한 경우에 자기의 생각이나 주장을 수정하는가?
- 유아들이 토론에 참여하는가?
- 주제를 벗어나지 않는가?

(6) 단계 6: 동화 만들기

토론 후에는 유아들과 추후 활동으로 동화 만들기를 할 수도 있다. 이러한 활동을 하면서 토론한 중심 개념이 좀더 심화, 확장되고 나아가 사고 능력도 향상된다.

동화의 주제는 토론에서 다루어진 중심생각을 주제로 하는 것이 좋다. 동화의 제목은 유아들과 의논해서 정한다. 제목과 중심생각이 정해지면 배경을 정해야 한다. 배경은 동화의 주제에 따라 가장 적합한 곳으로 정하는 것이 좋다. 배경이 정해지면 등장인물을 정한다. 그리고 줄거리를 만든다. 줄거리는 보통 사건의 전개 과정인 발단-전개-위기-절정-결말로 할 수 있다.

유아들이 만드는 동화는 문장의 길이가 짧고 단순하며 반복적이고 율동적인 표현이 있으면 좀 더 흥미롭다. 또한 대화가 풍부하게 들어가도 좋다.

동화를 만든 다음에는 완성된 동화를 가지고 '주인공이 한 말과 행동에 이유를 대어보기', '주인공과 다른 사람의 생각의 유사점과 차이점 비교해보기', '주인공의 생각을 바꾼다면 어떻게 바꿀 수 있을지'에 대해 이야기 나누어볼 수도 있다.

(7) 단계 7: 동극하기

동극은 배역 정하기와 소도구 준비-동극 상연-동극 평가의 순서로 이루어진다.

배역은 유아들이 스스로 정하게 하되 특정한 배역을 서로 하고자 할 때는 서로 동등하게 기회를 얻을 수 있도록 배려하여 정한다. 배역 정하기나 소도구 준비 배경, 노래 등의 준비도 유아들이 주도적으로 할 때 그 과정에서 합리적이고 배려하는 사고가 싹튼다.

동극을 상연할 때 보는 유아들이 잘 경청하는 것도 교육이다.

동극 평가는 동극 상연 뒤 출연진과 관람자가 서로 느낀 점과 좋았던 점, 아쉬웠던 점들을 이야기해봄으로써 다른 사람의 생각을 이해하게 되고 사고를 확장시킬 수 있다.

4) 철학적 토론 활동의 평가

토론을 마친 후 평가를 할 수 있다. 철학적 토론의 목표는 '탐구 과정이 잘 되었나?', '유아들이 기본 개념을 탐구하였나?', '유아가 자신에게 가치 있는 의미를 만들었나?' 등이다. 따라서 정확히 목표를 달성했는지는 규명하기가 힘들다. 그리고 끝맺음도 일정하지 않다. 토론은 결과도 중요하지만 과정 자체가 의미가 있기 때문이다. 또한 교사가 일부러 토론 내용을 요약하거나 반복하지 않도록 한다. 대체로 '오늘 보람 있었다. 수고했다.' 정도의 끝맺음을 한다.

철학적 토론의 핵심요소들이 토론에서 이루어졌는지를 보기 위해서 잭슨(Jackson, 1989)은 다음을 제시했다.

- 토론하는 교사와 유아들이 다른 사람의 말을 모두 잘 듣는가?
- 유아들이 교사를 통하지 않고 서로 직접적으로 의사소통하는가?
- 유아들이 토론에 참여하도록 교사가 격려하는가?
- 토론 활동은 중심 개념을 깊이 있게 다루는가?
- 토론이 흥미로운가?
- 유아들이 토론을 하면서 자신의 사고를 개선시켜 나가는가?

토론을 유아 스스로도 평가할 수 있다. 교사는 다음과 같은 질문을 하여 유아 스스로 토론 활동을 평가하도록 한다(조선희 · 유연옥, 2001).

- 친구들의 말을 이해하려고 애썼니?
- 친구들이 말하는 것을 조심스럽게 잘 들었니?
- 자신의 생각을 잘 이야기했니?
- 재미있었니?
- 자신의 생각에 대한 이유를 잘 말했니?

실제로 토론 활동을 마친 후 교사는 유아가 자신의 생각을 잘 이야기했는지, 다른 사람의 말을 잘 들었는지, 자신과 다른 사람의 이야기를 듣고 생각을 많이 했는지, 조용하면서도 활발한 토론이 이루어졌는지, 토론이 재미있었는지에 대한 말을 하면서 수고했다고 격려하고 교사도 재미있었다고 하며 마무리 지을 수 있다.

PART II

일곱 빛깔 생각 무지개 (논리 및 논술 활동)

활동 안내

'일곱 빛깔 생각 무지개'는 유아들이 스스로 학습하도록 구성하였습니다.

본 지도 자료는 자유선택활동 및 소집단활동 시간에 활용할 수 있으며, 또한 특정 영역과 관련지어 학습할 수 있습니다.

프로그램의 활동 단계는 다음과 같습니다.

- 읽기 전 단계: 똑똑, 생각 열기
- 읽기 중 단계: 책 속 재미가 솔솔~
- 읽기 후 단계: 생각에 날개 달기
- 정리 단계: 생각 놀이터

-이렇게 활동해보아요-

- 선생님, 친구들과 생각을 나누면서 즐겁게 활동합니다.
- 정답이 없을 수도 있어요. 엉뚱한 생각도 답이 될 수 있고, 생각이 새롭고 다양할수록 좋습니다.
- 시간과 장소에 구애받지 않고 좋아하는 내용을 먼저 선택해서 공부해도 좋습니다.
- 친구들의 생각과 비교하여 활동해봅시다.

똑똑, 생각 열기

제시된 글을 보고 선생님과 친구들이 함께 자유로운 분위기 속에서 가벼운 활동을 하며 생각과 마음을 열어갑니다.

책 속 재미가 솔솔~

책을 읽고 이해하는 단계입니다. 책 속의 중심 내용과 숨은 뜻을 알아봅니다.

생각에 날개 달기

창의적인 상상을 바탕으로 생각을 확장하는 단계입니다. 책 속의 인물을 떠올리며 내 생각을 자유롭게 표현할 수 있도록 합니다.

생각 놀이터

지금까지 공부한 내용을 중심으로 자신의 생각을 마음껏 펼쳐보는 단계입니다.

빨주노초파남보

일곱 빛깔 생각 무지개

무지개는 우리의 고운 꿈들이

하늘로 올라가 이루어진 것이라고 합니다.

빨주노초파남보, 일곱 빛깔 생각 무지개는

여러분의 고운 꿈들이 하늘 높이 올라갈 수 있도록

큰 생각, 바른 생각을 심어줄 것입니다.

Chapter 10

빨강-부지런함과 정직을 배우는 이야기

빨강마당...

부지런함과 정직을 배우는 이야기

이 마당에서는...

'부지런함과 정직을 배우는 이야기'에서는 부지런한 생활과 정직한 생활의 중요함을 다루는 이야기로 활동을 구성하였습니다.
게으르고 거짓말하는 행동을 뒤늦게 후회하고 뉘우치게 되는 주인공의 이야기처럼 유아들도 이 이야기를 읽고 부지런함과 정직의 소중함을 알 수 있을 것입니다.

이런 책을 담았어요...

- 소가 된 게으름뱅이–게으름뱅이가 소가 된 후 크게 뉘우치는 이야기
- 금도끼 은도끼–정직한 나무꾼이 금도끼, 은도끼, 쇠도끼를 얻게 되는 이야기
- 개미와 베짱이–열심히 일한 개미와 놀기만 한 베짱이의 서로 다른 결말을 보여주는 이야기
- 피노키오–나무인형 피노키오가 거짓말을 할 때마다 코가 길어진다는 이야기

부지런함과 정직을 배우는 책 꾸러미

- 소원을 들어 주는 항아리
- 아기돼지 삼형제
- 은혜 갚은 호랑이
- 죽은 돈과 산 돈
- 콩쥐팥쥐
- 형님 먼저 아우 먼저
- 혹부리 할아버지
- 흥부와 놀부

01 소가 된 게으름뱅이

게으른 소년이 편하게 먹고 쉬는 것처럼 보이는 소를 부러워하며 소의 탈을 쓰고 진짜 소가 되었다고 하네요. 자, 어떤 일이 일어나는지 함께 살펴봅시다.

똑똑, 생각 열기

- 소는 무엇을 먹고 살고 울음소리는 어떨까요?
- 내가 만일 소가 되었다면 어떤 기분이 들까요?

책 속 재미가 솔솔~

1 다음 글을 읽어봅시다.

"얘야, 이 탈을 한번 써 보려무나. 그러면 이 탈의 소처럼 한가로이 풀이나 뜯고 낮잠이나 자며 편히 지낼 수 있지."

게으름뱅이는 그 말에 귀가 솔깃해졌습니다.

"정말이에요? 정말 소처럼 먹고 잠만 자도 돼요?"라며 게으름뱅이는 얼른 그 소의 탈을 썼습니다.

그러자 이게 웬일입니까? 뭐라고 말을 하는데 '음매에, 음매에' 하는 소리가 나지 않겠어요?

게으름뱅이는 진짜 소로 변해 버렸어요.

"이놈, 가만 있거라. 아니면 채찍으로 맞을 테니."

할아버지는 소로 변한 게으름뱅이를 끌고 시장으로 갔어요. 할아버지는 마침 소를 사러 나온 농부에게 게으름뱅이를 팔았습니다. 그리고 단단히 주의를 주는 것이었어요.

"이 소는 무를 먹으면 죽는다오. 그러니 절대 무를 내보이지도 마시오. 그리고 꾀를 잘 부리니 채찍으로 때리며 일을 시키시오."

"난 사람이지, 소가 아니에요. 엉엉."

2 읽은 내용을 확인하여봅시다.

- 게으름뱅이가 아무것도 하기 싫다며 차라리 소가 되고 싶다고 한 말을 실감나게 표현하여봅시다.
- 할아버지가 소를 팔면서 부탁한 말을 밑줄로 그어봅시다.
- 다시 사람이 된 게으름뱅이는 어떤 생각을 하였을까요?

생각에 날개 달기

1 게으름뱅이가 후회한 것과 앞으로 잘 하겠다는 각오를 적어봅시다.

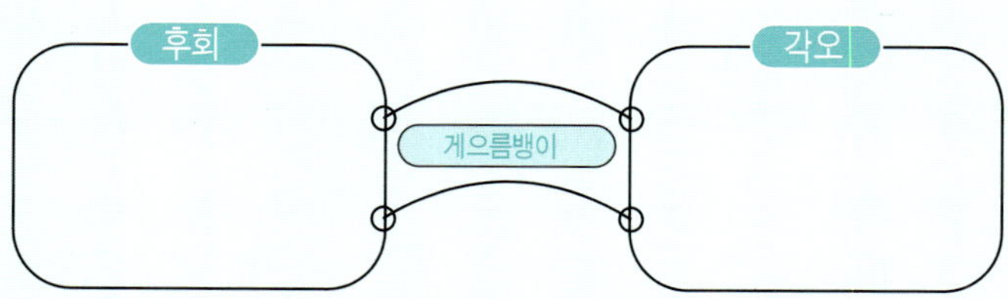

❷ 게으름뱅이가 쓴 소의 탈은 어떤 모양일지 그려봅시다.

02 금도끼 은도끼

가난하지만 정직하고 마음씨 착한 나무꾼이 산에 나무를 하러 갔다가 실수로 도끼를 연못에 빠뜨리고 슬퍼하는데 산신령이 나타났네요. 과연 어떤 일이 일어날지 이야기를 읽어봅시다.

똑똑, 생각 열기

■ 과연 이 나무꾼은 어떻게 세 자루의 도끼를 모두 얻을 수 있었을까요?

책 속 재미가 솔솔~

❶ 다음 글을 읽어봅시다.

나무꾼의 울음소리를 한참 듣고 있던 산신령이 나타나서 나무꾼에게 물었습니다.

"젊은이, 왜 울고 있느냐?"

"연못에 도끼를 빠뜨렸습니다."

"그래, 내가 찾아주마." 하고 산신령은 연못 속으로 들어가더니 번쩍번쩍하는 금도끼를 들고 나타났습니다.

"이 금도끼가 젊은이 것인가?"

"아닙니다. 제 도끼가 아닙니다."

"그러면 이 은도끼가 젊은이 것인가?"

"아닙니다. 제 도끼는 쇠로 만든 도끼입니다."

산신령은 "정말로 정직하구나. 이렇게 정직한 젊은이에게 내가 상으로 금도끼와 은도끼를 주겠노라."라고 말하여 나무꾼에게 도끼 세 자루를 모두 주었습니다.

❷ 읽은 내용을 확인하여봅시다.

- 이 이야기에 나오는 인물은 누구인가요?
- 나무꾼은 연못 앞에서 왜 울고 있었나요?
- 산신령이 도끼도 주지 않고 연못 속으로 사라졌을 때 욕심쟁이 나무꾼의 마음은 어땠을까요?

생각에 날개 달기

❶ 나무꾼이 받은 금도끼를 시작으로 '꽁지 따기' 놀이를 해봅시다.

- 놀이 예시: 사과는 빨갛다. ➡ 빨간 것은 사과다.

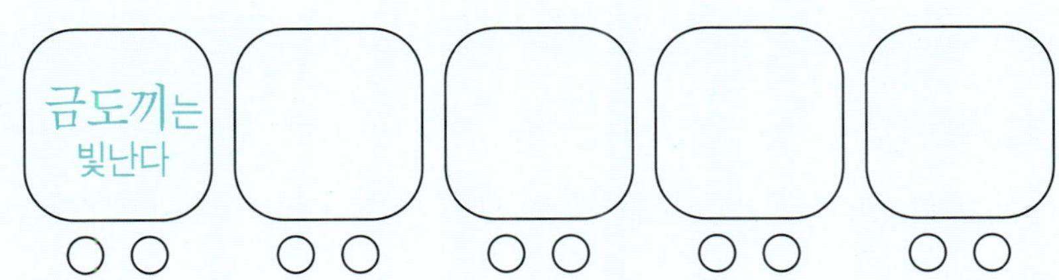

❷ '금도끼' 와 '은도끼' 로 짧은 글짓기를 하여봅시다.

금도끼 :

은도끼 :

❸ '금도끼 은도끼' 이야기를 읽고 정직하게 살자는 내용으로 격언이나 속담을 만들어 책갈피로 꾸며봅시다.

예 정직하게 살다 보면 언젠가는 복이 와요.

❹ 내가 산신령이라면 착한 나무꾼에게 어떤 선물을 주고 싶은지 이야기하여봅시다.

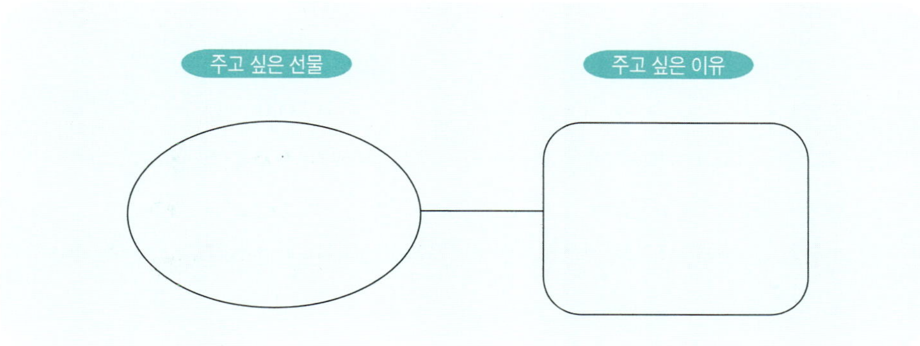

❺ 욕심쟁이 나무꾼에게는 어떤 벌을 주고 싶은지 이야기하여봅시다. 그리고 그 이유도 말하여봅시다.

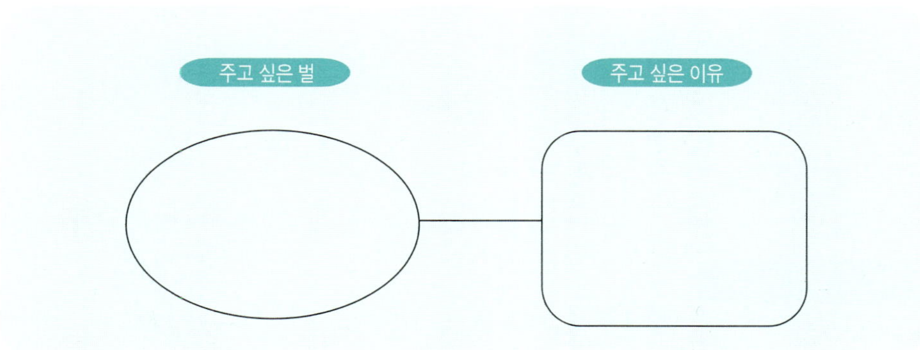

03 개미와 베짱이

개미는 무더위에도 땀을 뻘뻘 흘리면서 일하고 있는데 베짱이는 하루 종일 나무 그늘 아래에서 노래만 부르고 있네요.
앞으로 일어날 일이 궁금하지 않나요? 어떤 이야기가 펼쳐질지 함께 책 속으로 들어가 봅시다.

똑똑, 생각 열기

■ 빈 칸에 알맞게 적어봅시다.

___________은(는) 땀을 뻘뻘 흘리며 일을 하는데 ___________은(는) 나무 그늘 아래에서 노래를 부르고 있습니다.

책 속 재미가 솔솔~

❶ 다음 글을 읽어봅시다.

해님이 쨍쨍 내리쬐는 어느 여름날, 개미들은 땀을 뻘뻘 흘리며 열심히 일을 하고 있었어요. 그런데 베짱이는 시원한 그늘에서 노래만 부르고 있었어요.

"개미야, 좀 쉬었다 하지 그래?"

"아니야, 지금 열심히 일을 해야 겨울을 따뜻하게 보낼 수 있어."

"흥, 너희들은 일을 하기 위해 태어났나 보구나."라며 베짱이는 개미를 놀렸어요.

어느덧 가을이 되어 단풍잎이 떨어지고 찬바람이 불기 시작했어요.

"베짱아, 겨울이 되면 어쩌려고 그렇게 놀기만 하니?"

여전히 걱정을 했지만 베짱이는 아랑곳하지 않았습니다.

드디어 흰 눈이 내리고 바람도 쌩쌩 부는 아주 추운 날이었어요. 먹을 것이 없는 베짱이는 더욱 춥고 배가 고팠습니다. 베짱이는 추위에 벌벌 떨면서 식량을 찾아 나섰습니다.

❷ 읽은 내용을 확인하여봅시다.

- 등장인물에 대해 이야기를 나눠봅시다.
- 개미와 베짱이의 성격에 어울리게 대화 글을 읽어봅시다.
- 개미에게 먹을 것을 얻으러 간 베짱이는 어떻게 되었을지 이야기를 꾸며봅시다.

생각에 날개 달기

❶ 시간의 흐름에 따라 변한 인물의 모습을 그림으로 그려봅시다.

구분	햇빛 쨍쨍한 여름	흰 눈 내리는 겨울
개미		
베짱이		

❷ '개미와 베짱이'를 읽고 그 내용을 '학교종' 노래에 가사 바꾸기를 하여 불러봅시다.

학교종

김메리 작사
김메리 작곡

생각 놀이터

❶ 아래의 표정에 어울리는 낱말을 보기에서 찾아서 넣어주세요. 그리고 웃는 표정의 말 주머니의 낱말을 크게 읽고 웃어보세요.

보기

게으르다	부지런하다	정직하다	친절하다
거짓말하다	사이좋다	싸우다	인사하다

04 피노키오

저런! 피노키오의 코가 길어져버렸네요. 어떤 이야기들이 펼쳐지는지 궁금하죠? 함께 이야기 속으로 들어가봅시다.

똑똑, 생각 열기

■『피노키오』 책 내용을 생각하며 '피노키오' 노래를 함께 불러볼까요?

책 속 재미가 솔솔~

❶ 다음 글을 읽어봅시다.

"피노키오야! 할아버지가 기다리고 계시니까 곧장 집으로 가야 한다. 알겠지?"

"예, 천사님, 약속할게요."

천사는 빙긋 웃으며 창고 문을 열어 주었지요. 창고에서 빠져나온 피노키오는 집으로 가다가 여우와 고양이를 만났어요.

"어이, 피노키오! 우리랑 같이 장난감 나라에 놀러가자."

"정말 장난감 나라에 갈 수 있어?"

피노키오는 천사와 한 약속을 까맣게 잊고, 여우와 고양이를 냉큼 따라갔어요. 장난감 나라는 정말 신기했어요. 곰 인형이 북을 치고, 연기 나는 장난감 기차가 소리를 내며 지나갔어요. 그때 천사가 또다시 나타났어요.

"피노키오야, 나와 한 약속을 잊었니?"

"내 잘못이 아니에요. 여우랑 고양이가 저를 억지고 끌고 왔다고요."

그 순간 피노키오의 코가 쭉쭉 길어졌어요. 거짓말을 했기 때문이지요. 피노키오는 엉엉 울면서 말했어요.

❷ 읽은 내용을 확인하여봅시다.

- 피노키오는 어떻게 태어났을까요?
- 발이 다 타버린 피노키오에게 할아버지는 어떻게 해주었나요?
- 피노키오는 할아버지 말씀을 듣지 않아 어떤 일들을 겪게 되었나요?

생각에 날개 달기

❶ 말썽을 부리던 피노키오에게 해주고 싶은 말을 쪽지 편지로 써봅시다.

❷ 다른 사람의 입장이 되어봅시다.

여우와 고양이가 장난감 나라에 놀러 가자고 했을 때

• 내가 만약 피노키오의 입장이라면

• 내가 만약 제페토 할아버지의 입장이라면

③ 내가 생각하는 피노키오는?

피노키오는 ………………………………………………………………………… 다.

왜냐하면 ………………………………………………………………………… 때문이다.

④ 피노키오의 얼굴을 그려봅시다.

코가 짧은 피노키오	코가 길어진 피노키오

• 이런 방법도 있어요.

–피노키오 도안에 색종이 찢어 붙이기를 하거나 그림 그리기를 어려워하는 경우는 투명 OHP 필름을 책에 대어서 따라 그린 다음 유성 사인펜으로 색칠을 해도 좋아요.

5 피노키오로 사행시를 지어봅시다.

피

노

키

오

Chapter 11

주황-도란도란 가족애를 깨닫게 해주는 이야기

1 소년과 어머니

2 금을 버린 형제

3 백조 왕자

4 헨젤과 그레텔

주황마당...

도란도란 가족애를 깨닫게 해주는 이야기

이 마당에서는...

'도란도란 가족애를 깨닫게 해주는 이야기'에서는 가족 간의 사랑을 주제로 하는 이야기를 통해 따뜻한 감동을 느낄 수 있습니다. 이 영역에서는 유아들이 가족의 소중함을 느끼고 깨닫는 활동과 창의성을 키울 수 있는 활동들로 구성하였습니다.

이런 책을 담았어요...

- 소년과 어머니–늙은 부모님을 산에 버리는 풍습이 있는 마을에 사는 소년의 이야기
- 금을 버린 형제–금덩이를 주운 사이좋은 형제의 이야기
- 백조 왕자–백조가 된 열한 명의 오빠들을 구하는 엘리자의 이야기
- 헨젤과 그레텔–산에 버려진 헨젤과 그레텔 남매의 이야기

도란도란 가족애를 깨닫게 해주는 책 꾸러미

- 나무 도령
- 바리데기
- 선녀와 나무꾼
- 소년과 어머니
- 은혜 갚은 호랑이
- 천지 속의 용궁
- 효녀 심청
- 흥부와 놀부

01 소년과 어머니

옛날에 늙은 부모를 산에 버리는 나쁜 풍습이 있었대요. 하지만 소년은 늙은 어머니를 산에 버리지 않고 동굴에 숨겨 정성껏 모시기로 했지요. 그림을 보고 소년이 겪게 될 일을 생각하여봅시다.

똑똑, 생각 열기

■ 여러분은 어려운 일을 당했을 때 어떻게 해결하나요? 숙제가 어려울 때, 어려운 일을 당했을 때, 친구와 싸웠을 때, 누구에게 가장 먼저 도와달라고 얘기하나요?

책 속 재미가 솔솔~

❶ 다음 글을 읽어봅시다.

- 구멍이 구불구불하게 난 구슬에 실을 꿰시오.
- 굵기가 같은 나무토막의 위아래를 가려내시오.
- 몸집이 같은 암소 두 마리 중에서 어미와 새끼를 가려내시오.

"실과 꿀을 준비해 주십시오." 소년은 개미 한 마리를 잡더니 실을 허리에 매어 한쪽 구멍에 넣고 반대쪽 구멍엔 꿀을 발라 개미가 통과하게 했어요.

"물이 가득 담긴 물통을 준비해 주십시오." 소년은 나무토막을 물에 띄우고는 물에 가라앉는 쪽이 더 무거우므로 밑동이라 하였어요.

"여물을 준비해 주십시오." 여물을 소 앞에 놓자 한 마리가 먼저 먹고 다른 한 마리는 나중에 먹었어요. 그때 소년은 나중에 먹은 소가 어미 소라며 새끼가 먼저 먹기를 기다린 것이라 했어요.

❷ 읽은 내용을 확인하여봅시다.

• 소년이 어떻게 문제를 풀었는지 이야기해보세요.

생각에 날개 달기

❶ 우리 가족의 자랑거리를 적어볼까요?

02 금을 버린 형제

옛날에 사이좋은 형제가 살았는데, 어느 날 커다란 금을 두 덩이나 발견했어요. 그런데 아우가 금덩이를 강물에 던져버렸지요. 왜 그렇게 했는지 이야기를 읽어봅시다.

똑똑, 생각 열기

■ 여러분은 맛있는 음식이나 갖고 싶은 장난감이 생겼을 때 형제끼리 사이좋게 나누어 가지나요? 혹시 혼자서 모두 차지하려고 욕심을 부린 적은 없나요?

책 속 재미가 솔솔~

❶ 다음 글을 읽어봅시다.

형제는 돌아오는 길에 점심 때가 되어 보리밥 세 덩이를 함께 나누어 먹기로 했어요. 형이 한 덩이, 동생이 한 덩이 먹고 나니 한 덩이가 남았어요. 서로 먼저 먹으라고 양보하다가 결국 사이좋게 반 덩이씩 나누어 먹었지요.

강에 도착하여 배를 타고 강을 건너다가 갑자기 동생이 무언가를 꺼내더니 강물에 던져버렸어요. 그것은 오던 길에 주웠던 금덩이었어요! 형은 깜짝 놀라,

"아이고, 동생 그 귀한 금덩이를 왜 버리는가?" 하고 소리쳤어요. 그러자 동생은,

"형님, 금덩이 때문에 형님과의 우애가 나빠질까봐 그랬습니다." 하고 대답했어요.
형은 무릎을 탁! 치며,
"아이고, 부끄럽다. 내가 동생보다 못하네 그려. 금덩이가 귀하긴 하지만 동생과의 우애보다 못하네." 하며 금덩이를 꺼내 강물에 던져버렸어요.

❷ 읽은 내용을 확인하여봅시다.

• 이야기를 요약해봅시다.

생각에 날개 달기

❶ 만약 형제가 주운 것이 금덩이가 아니고 책이었다면, 형제는 책을 어떻게 했을까요?

❷ 내가 갖고 싶은 보물들을 아래의 상자에 글로 적고 그려보세요. 그리고 왜 갖고 싶은지 말하여봅시다.

나의 보물은요~

여러분의 보물을 그려보세요!

❸ '금을 버린 형제' 이야기에 나오는 형제를 생각하며 솔직한 마음을 담아 동생이나 형(언니, 오빠, 누나)에게 편지를 써봅시다.

에게

03 백조 왕자

엘리자와 열한 명의 오빠들은 엄마가 없었지만 행복했어요. 하지만 새 왕비의 나쁜 마음으로 인해 오빠들은 백조로 변해버렸고, 엘리자는 깊은 숲 속에 버려졌어요. 엘리자가 어떻게 오빠들을 구하고 다시 왕궁으로 돌아갔는지 이야기를 읽어봅시다.

똑똑, 생각 열기

■ 이야기 속의 엘리자는 오빠를 구하기 위해서라면 뾰족한 가시에 찔려도, 말을 할 수 없어도 참을 수 있어요. 여러분이 가족을 위해 할 수 있는 일에는 어떤 것들이 있을까요?

책 속 재미가 솔솔~

❶ 다음 글을 읽어봅시다.

엘리자가 밤마다 무덤가로 가서 쐐기풀을 뜯는 것을 본 신하들은 왕자에게 엘리자가 마녀라고 말했어요. 왕자는 처음에는 믿지 않았지요. 어느 날 밤 검은 망토를 입고 무덤가에서 쐐기풀을 뜯는 엘리자를 본 왕자는 결국 엘리자를 마녀라고 생각하게 되었고 엘리자는 감옥에 갇히게 되었어요.

하지만 엘리자는 백조가 된 오빠들을 위해서 감옥에서도 쐐기풀 옷 짜는 일을 멈추지 않았어요. 엘리자는 자신이 처형장에 끌려가는 중에도 옷 짜기를 멈추지 않았지요. 사람들은 그런 엘리자를 마녀라고 손가락질하고 쐐기풀 옷을 빼앗으려고 했어요.

그때였어요. 어디선가 열한 마리의 백조가 나타나 엘리자를 감쌌어요. 엘리자는 백조들을 향해 자신이 짠 쐐기풀 옷을 던졌어요.

쐐기풀 옷을 입은 백조들은 멋지고 늠름한 왕자로 변했어요.

"전 마녀가 아니에요."

엘리자는 드디어 입을 열었어요. 그리고는 그동안의 일을 왕자에게 들려주었어요.

❷ 읽은 내용을 확인하여봅시다.

- 열한 명의 백조 왕자의 마법을 풀기 위해 엘리자는 어떤 일을 해야 했나요?
- ______________ (으)로 옷을 짜야 했습니다.
- 엘리자는 마녀라고 손가락질을 당하면서도 왜 아무 말도 하지 않았을까요?

생각에 날개 달기

❶ 여러분에게 여러 명의 형제가 있다면 어떤 별명을 지어주고 싶나요? 별명에 어울리는 얼굴을 직접 그려보고 별명을 지어줍시다.

튼튼이 형	돼지코 동생	예쁜이 언니
왕눈이 누나	수다쟁이형	

❷ 여러분이 기자가 되어 엘리자를 만나 인터뷰를 해봅시다.

- 질문: 어떻게 해서 오빠들이 백조가 되었나요?
- 답변: 새어머니인 왕비가 저와 오빠를 싫어해서 저는 숲 속에 버려졌고 오빠들은 백조가 되었어요.
- 궁금한 것

- 엘리자의 대답

04 헨젤과 그레텔

헨젤과 그레텔의 집은 너무 가난했어요. 그래서 아버지와 새어머니는 헨젤과 그레텔을 깊은 숲 속에 버리려 했지요. 헨젤과 그레텔이 어떻게 어려움을 극복하는지 이야기를 재미있게 읽어봅시다.

똑똑, 생각 열기

■ 여러분은 어려운 일을 경험한 적이 있나요? 어떻게 해결했나요?

책 속 재미가 솔솔~

❶ 다음 글을 읽어봅시다.

다음 날 아침 마녀는 그레텔을 불러 불이 활활 타는 화덕으로 들어가 빵이 잘 구워졌는지 살펴보라고 했어요. 그레텔은 마녀가 자기를 화덕에 밀어 넣어 구워 먹으려고 한다는 것을 알아차리고 마녀에게 말했어요.

"어떻게 하는지 모르겠어요. 먼저 보여주세요."

마녀는 화덕으로 들어가는 판자 끝에 올라섰어요. 그때 그레텔은 온 힘을 다해 마녀를 화덕 속으로 밀어 넣었지요. 그리고는 문을 닫고 빗장을 단단히 채웠어요.

그레텔은 헨젤이 갇혀 있는 곳으로 달려가서 헨젤을 꺼내주었어요. 마녀의 집을 둘러보니 집안은 온통 반짝이는 금과 빛나는 보석들이 가득했어요. 헨젤과 그레텔은 보석을 가득 챙

겨 들고 마녀의 집을 나와 집으로 돌아왔어요.

아버지는 돌아온 헨젤과 그레텔을 보고 눈물을 흘리며,

"얘들아, 나를 용서해주렴." 하고 말했어요.

❷ 읽은 내용을 확인하여봅시다.

- 헨젤과 그레텔은 어떻게 마녀의 집을 빠져나올 수 있었나요? (위의 글에서 찾아 밑줄을 그어봅시다.)
- 헨젤과 그레텔이 다시 집으로 돌아오자 아버지는 눈물을 흘리며 후회했어요. 아버지는 어떤 마음이었을까요?

생각에 날개 달기

❶ 헨젤과 그레텔은 길을 잃어버리지 않기 위해 조약돌과 빵부스러기를 떨어뜨려 집으로 가는 길을 찾았어요. 여러분은 산에서 길을 잃어버리지 않기 위해 어떤 방법을 사용하면 좋을까요?

❷ 헨젤과 그레텔은 산 속에서 마녀의 과자로 만들어진 집을 발견했어요. 과자로 만든 집은 어떤 모습일지 상상하여 그려봅시다.

과자로 만든 집

생각 놀이터

❶ 물건을 한 방향에서 바라본 모습입니다. 어떤 물건인지 생각해보고 주변의 물건을 관찰해서 그려봅시다.

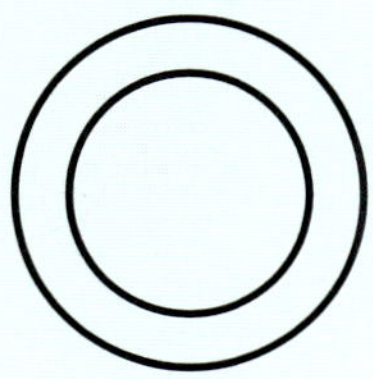

- 타이어
- 밀짚모자
-

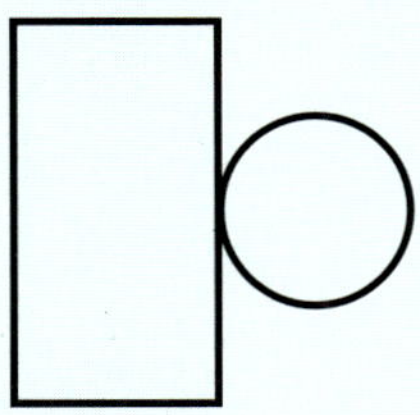

-
-
-

-
-
-

-
-
-

Chapter 12

노랑-지혜와 재치를 길러주는 이야기

노랑마당...

지혜와 재치를 길러주는 이야기

이 마당에서는...

'지혜와 재치를 길러주는 이야기'에서는 이야기 속의 주인공들이 어려운 문제들을 지혜롭고 재치 있게 해결해 나가는 모습을 보여주고 있습니다. 유아들이 지혜와 재치로 문제를 창의적으로 해결해 나갈 수 있는 태도를 길러주는 활동들로 구성하였습니다.

이런 책을 담았어요...

- 삼년고개–삼년고개에서 넘어진 할아버지가 동네 꼬마의 재치로 오래 살 수 있게 되었다는 이야기
- 달걀재판–10년 전 먹었던 삶은 달걀 때문에 재판까지 받게 된 이야기
- 슬기로운 원님–비단장수가 도둑맞은 비단을 지혜롭게 되찾아준 이야기
- 동물의 왕은 여우–여우가 동물의 왕이 될 수 있게 된 이야기

지혜와 재치를 길러주는 책 꾸러미

- 꼬리 빠진 호랑이
- 꼬마 사또
- 돼지는 돈 내고 먹는 줄 알았지
- 울산 바위의 비밀
- 임금님 귀는 당나귀 귀
- 토끼의 재판
- 형님 황소

01 삼년고개

여러분들이 삼년고개를 넘어가다 잘못하여 넘어졌다면 어떤 마음이 들까요? 그때 어떻게 하면 재치 있게 문제를 해결할 수 있을까요?

똑똑, 생각 열기

■ 한 번 넘어지게 되면 3년밖에 살 수 없다는 삼년고개가 있었습니다. 이 고개에서 어떤 일이 벌어졌을지 상상하여 이야기해봅시다.

책 속 재미가 솔솔~

❶ 다음 글을 읽어봅시다.

삼년고개를 넘다 넘어진 할아버지는 집에 돌아왔지만 3년밖에 더 살지 못한다는 생각에 너무 슬펐어. 슬픔에 빠져 있던 할아버지는 결국 병에 걸리고 말았지.

그런데 이 소식을 들은 동네 꼬마가 할아버지를 찾아와서

"할아버지, 삼년고개에서 한 번 더 넘어지세요."라고 말했어.

"뭐라고, 이 할아버지를 놀리는 거냐? 이놈!"

할아버지는 몹시 화를 내었지. 그러자 동네 꼬마가 다시 말했어.

"할아버지, 진정하시구요. 삼년고개에서 한 번 넘어지면 3년밖에 못 살죠. 그런데 두 번 넘

어지면 6년, 세 번 넘어지면 9년, 이렇게 계속 넘어지다 보면 1,000년도 더 살 수 있을 거예요."

이 말을 들은 할아버지는 얼른 삼년고개로 뛰어갔어. 그리고는 삼년고개에서 몇 번이고 굴렀지. 그래서 그런지 할아버지는 오래오래 건강하게 살았대.

❷ 읽은 내용을 확인하여봅시다.

• 이야기가 일어난 순서에 따라 (　　　　) 속에 숫자를 써봅시다.

–(　　　　) 할아버지는 삼년고개에서 몇 번이고 굴렀습니다.

–(　　　　) 동네 꼬마가 찾아왔습니다.

–(　　　　) 할아버지는 삼년고개에서 넘어져 슬픔에 빠져 있었습니다.

–(　　　　) 동네 꼬마는 할아버지에게 삼년고개에서 자꾸 구르라고 이야기해주었습니다.

생각에 날개 달기

❶ 삼년고개는 넘어지면 삼년만 살 수 있는 고개입니다. 여러분도 상상하여 재미있는 고개를 만들어보세요.

(　　　　) 고개

이 고개는 ______________________________

______________________________ 고개입니다.

❷ 동네 꼬마의 지혜로 할아버지는 건강한 삶을 살게 되었습니다. 여러분이 타임머신을 타고 동네 꼬마에게 간다면 어떤 이야기를 해주고 싶나요?

02 달걀재판

이 이야기는 유명한 터키 민화 중 하나입니다. 아래 그림에서 두 사람이 재판장에서 재판을 받고 있네요. 무슨 재판일지, 재판은 어떻게 될지 상상하여봅시다.

똑똑, 생각 열기

■ 삶은 달걀을 두고 두 사람이 재판을 벌이고 있네요. 친구가 한 가게에서 먹은 삶은 달걀의 값을 10년 후에 갚으려고 하는데 가게 주인이 터무니없이 많은 돈을 달라고 합니다. 여러분이 이런 상황이라면 어떤 지혜로 친구를 도와주었을까요?

책 속 재미가 솔솔~

❶ 다음 글을 읽어봅시다.

"그런 말도 안 되는 계산법이 어디 있소? 나는 그렇게 갚지 못하겠소!"

"난 꼭 받고야 말겠소!"

결국 친구와 가게 주인은 어느 편이 옳은지를 재판관 앞에 나가 결정하기로 했어. 친구는 다급한 상황을 호자에게 말했습니다. 그러자 호자가 웃으며 말했습니다.

"내가 알아서 하겠네. 걱정 말게."

재판하는 날, 아무리 기다려도 호자가 나타나질 않았습니다.

"당신 변호인은 왜 아직 안 오는가!"

재판관이 물으며 초조하게 기다리는데 호자가 그제야 도착했습니다.

"어쩌다 이렇게 늦었나?"

"밭에 뿌릴 콩을 삶느라 늦었습니다."

"뭣이? 삶은 콩을 밭에 뿌리다니 말이 되는가!"

그러자 호자가 말했습니다.

"재판관님, 삶은 계란에서도 병아리가 나온다는데, 삶은 콩에서도 당연히 싹이 돋지 않겠습니까?"

❷ 읽은 내용을 확인하여봅시다.

• 누가 한 말인지 바르게 선을 그어봅시다.

밭에 뿌릴 콩을 삶느라 늦었습니다. ●	● 친구
난 꼭 받고야 말겠소! ●	● 재판관
그런 말도 안 되는 계산법이 어디 있소? ●	● 가게 주인
당신 변호인은 왜 아직 안 오는가! ●	● 호자

생각에 날개 달기

❶ 호자는 삶은 콩으로 지혜롭게 친구를 가게 주인으로부터 구해주었습니다. 여러분이 호자라면 삶은 콩 대신 어떤 것으로 친구를 도와주었을지 잘 생각해보고 아래에 그림을 그려봅시다.

➡

호자: 삶은 콩으로 친구를 도와주었습니다.

➡

나: ____________ (으)로 친구를 도와주고 싶습니다.

❷ 가게 주인의 입장에서 보면, 친구에게 달걀 3개를 줬지만 10년 동안 그 값을 받지 못해서 억울해서 재판을 열게 되었을지도 모릅니다. 결국 가게 주인은 호자의 재치로 재판에서 지게 되었는데, 재판이 끝난 후 가게 주인은 호자에게 어떤 말을 하고 싶을지 써봅시다.

❸ 멋진 재치로 친구를 도와준 호자에게 해주고 싶은 말을 비밀편지로 써봅시다.

• 준비물: 흰색 크레파스, 물감, 붓
• 비밀편지 쓰는 방법: 흰색 크레파스로 글을 씁니다.
• 비밀편지 보는 방법: 물감으로 글 쓴 곳에 색칠을 합니다.

03 슬기로운 원님

어느 마을의 원님이 장승을 묶어다 놓고 재판을 벌이고 있네요. 과연 어떤 일로 재판이 벌어졌을지 상상하며 이야기를 읽어봅시다.

똑똑, 생각 열기

■ 원님은 왜 장승을 불러다 재판을 벌이고 있을까요?

책 속 재미가 솔솔~

❶ 다음 글을 읽어봅시다.

장승을 재판한다는 소문이 온 고을에 퍼지자 여기저기에서 구경꾼들이 모여들었어.

원님이 말했지.

"장승, 네 이놈! 네가 비단을 훔쳤겠다. 포졸들은 장승에게 곤장 100대를 쳐라."

원님의 말에 포졸들은 할 수 없이 장승에게 곤장을 쳤지. 이 모습을 지켜보던 구경꾼들은 모두 깔깔거리며 웃어버렸지 뭐야. 곤장으로 장승을 때리다니 얼마나 우스웠겠어!

그때 원님이 자신의 재판을 비웃었다는 죄로 구경꾼들을 모두 옥에 가두어버렸어. 옥에 갇힌 구경꾼들은 원님에게 내보내 달라고 빌었지. 그러자 원님이 말했어.

"그렇다면 벌로 비단 한 필씩을 가져오너라."

옥에서 풀려 난 구경꾼들은 온 동네를 돌아다니며 비단을 구했어. 그런데 구경꾼들이 가지고 온 비단 중에 비단 장수가 잃어버린 것도 있었지. 원님은 포졸들을 보내 그 비단을 판 사람을 잡아 오게 했어. 그 사람이 바로 비단을 훔친 도둑일 테니까.

❷ 읽은 내용을 확인하여봅시다.

• 이야기의 장면에 어울리는 구경꾼의 표정을 그려봅시다.

장승을 재판한다는 소문에 모인 구경꾼	◯
비단을 훔친 죄로 곤장을 맞는 장승을 본 구경꾼	◯
재판을 비웃은 죄로 옥에 갇힌 구경꾼	◯
도둑을 잡아낸 원님의 지혜를 본 구경꾼	◯

생각에 날개 달기

1 내가 원님이었다면 어떻게 비단 장수의 비단을 찾아줄 수 있을지 상상하여 써 봅시다.

❷ 책 속에 나오는 낱말로 재미있는 말 잇기 놀이를 하여봅시다.

슬 픈 일은 사라지고

기 쁜 일만 생겨라.

장

승

비

단

❸ 원님에게 불려와 곤장을 맞았던 장승을 재미있게 만들어봅시다.

- 먼저 생각해보기
  -장승의 표정은 어떨까?
  -장승은 무엇으로 만들까?
- 만든 후 사진을 찍어 아래에 붙여봅시다.

04 동물의 왕은 여우

무시무시한 호랑이는 여우 뒤에서 언짢게 쳐다보고 있고 여우는 당당하게 웃고만 있네요. 여우와 호랑이에게는 어떤 일이 벌어지고 있는지 상상하여봅시다.

똑똑, 생각 열기

■ 호랑이는 자신이 동물의 왕임을 아주 자랑스럽게 여기고 있었어요. 그런데 여우가 재치를 발휘해 호랑이가 동물의 왕이 여우라고 생각하게 만들었다고 하네요. 과연 여우는 어떤 꾀를 부렸을까요?

책 속 재미가 솔솔~

❶ 다음 글을 읽어봅시다.

"참 이상하단 말이야. 저 삐쩍 마른 여우 놈이, 허!"

"이놈, 호랑이야! 뭘 꾸물거리느냐! 믿을 수 없는 모양인데, 그럼 어서 내 뒤를 따라와 봐. 다른 동물들이 나를 보고 벌벌 떨다가 도망치는 꼴을 보란 말이야!"

참 이상하다는 듯 고개를 갸웃거리던 호랑이는 여우의 뒤를 조심조심 따라갔어요. 호랑이는 여우가 동물의 왕인지 확인하고 싶었지요.

앞서 가던 여우가 또 큰소리를 쳤어요.

"봐라!"

그런데 어찌된 일인지 여우와 마주친 들개가 날 살려라 도망을 쳤어요.

"아니, 들개가 여우 놈을 보고 도망을 치네?"

그뿐만이 아니었어요. 여우의 큰소리를 듣고는 사슴도 도망을 쳤어요. 오소리와 늑대도 도망을 쳤어요. 그것을 확인한 호랑이는 얼른 여우 앞에 엎드렸어요.

❷ 읽은 내용을 확인하여봅시다.

• 일이 일어난 순서에 맞게 빈칸에 그림을 그리고 이야기해봅시다.

➡ ☐ ➡ ☐

생각에 날개 달기

❶ 책 표지에는 책의 내용 중 가장 재미있거나 인상적인 부분이 잘 나타나 있습니다. 여러분이 작가라면 『동물의 왕은 여우』의 표지를 어떻게 나타내고 싶은지 생각하여 자유롭게 그려봅시다.

• 먼저 생각해보기

–이 책의 제목을 다르게 붙인다면 어떻게 붙이고 싶나요?

-이 책의 제일 재미있었던 부분은 어디인가요?

-그림은 무엇으로 표현하고 싶나요?

-그 밖에 표지에 나타내고 싶은 것은 무엇인가요?

생각 놀이터

❶ 나의 다섯 손가락의 기분은 어떠할까요? 손가락 끝에 지금의 기분을 나타내는 표정을 그려봅시다.

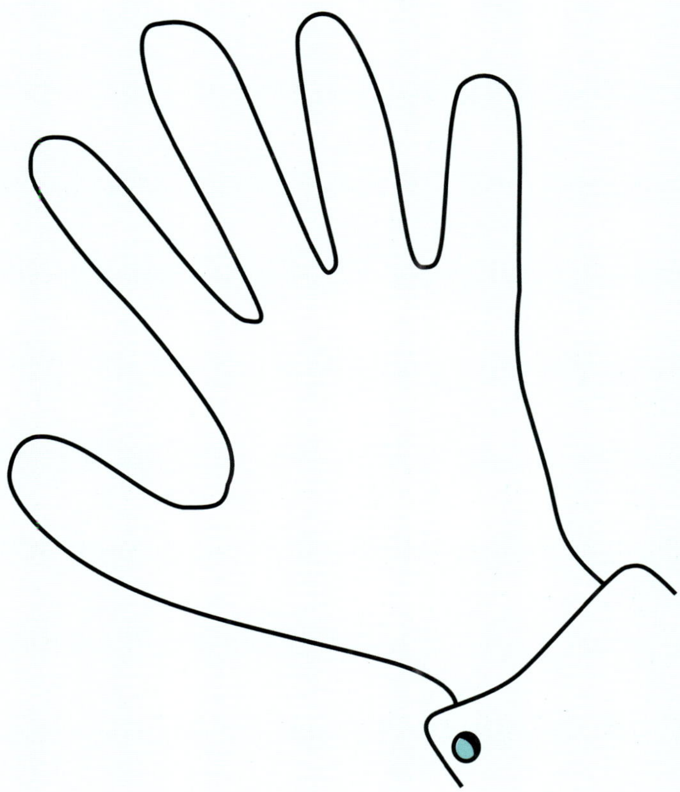

Chapter 13

초록-희망과 용기가 샘솟는 이야기

초록마당...

희망과 용기가 샘솟는 이야기

이 마당에서는...

'희망과 용기가 샘솟는 이야기'에서는 주인공이 어려움을 극복하고 꿈을 이루는 이야기로 활동을 구성하였습니다. 보통 아이들처럼 평범하거나 힘든 상황에 놓인 주인공이 어려움을 해결해 나가는 모습을 보면서 여러분들도 희망과 용기를 가질 수 있습니다.

이런 책을 담았어요...

- 멸치의 꿈–놀림을 당해 속상해 하는 손자 멸치에게 할아버지가 들려주는 이야기
- 오즈의 마법사–소원을 이루기 위해 오즈의 마법사를 찾아 떠나는 도로시와 친구들의 이야기
- 미운 오리 새끼–못생긴 새끼 오리가 놀림을 당하다가 백조라는 사실을 알게 되는 이야기
- 임금님 귀는 당나귀 귀–귀가 커서 걱정인 임금님의 이야기

희망과 용기가 샘솟는 책 꾸러미

- 도깨비감투
- 반쪽이
- 백설 공주
- 신데렐라
- 콩쥐 팥쥐
- 플란더스의 개
- 호랑이와 곶감
- 홍길동전

01 멸치의 꿈

물고기왕 선발대회가 열렸네요. 멸치, 가자미, 오징어, 망둥이, 갈치가 나와 모습을 뽐내고 있습니다. 물고기의 특징을 생각하면서 물고기왕을 뽑아봅시다.

똑똑, 생각 열기

▪ 물고기마다 장점을 가지고 있습니다. 어떤 물고기가 왕이 되어야 할까요?

책 속 재미가 솔솔~

❶ 다음 글을 읽어봅시다.

낮잠을 자고 있던 할아버지 멸치는 손자 멸치의 울음소리에 벌떡 일어났어요. 멸치는 친구들이 세상에서 가장 보잘것없는 물고기라고 놀려서 속상하였지요. 할아버지 멸치는 속상해 하는 손자에게 멸치의 조상이 얼마나 대단한 일을 하였는지 이야기해주었답니다.

팔대조 할아버지는 동해에서 제일가는 부자였단다. 하루는 이상한 꿈을 꾸었는데 꿈 풀이를 하기 위해 물고기들을 불렀지. 망둥이가 용이 될 꿈이라고 말하였어. 옆에 있던 가자미가,

"용꿈은 무슨 용꿈이야. 낚시에 걸릴 꿈이야."라고 이야기하자 화가 난 멸치가 가자미의 뺨을 쳤어. 그때 가자미의 눈이 옆으로 돌아갔어. 망둥이는 놀라서 눈이 툭 튀어나오고, 메기는 웃다가 주둥이가 쫙! 병어는 웃다가 주둥이가 쪽! 꼴뚜기는 눈을 엉덩이에다가 딱! 붙였어. 그러니까 우리 멸치가 지금의 물고기들의 생김새를 바꾼 거란다. 다음에 친구들이 놀리거든 꼭 이야기해주렴.

❷ 읽은 내용을 확인하여봅시다.

• 다음의 문장이 글의 내용과 맞으면 ○, 틀리면 × 표시를 해봅시다.

–친구들은 멸치에게 가장 보잘것없는 물고기라고 놀렸다. ( )

–멸치의 팔대조 할아버지는 가난하였다. ( )

–멸치가 가자미의 뺨을 쳐서 가자미는 눈이 옆으로 돌아갔다. ( )

생각에 날개 달기

❶ 친구들이 놀려서 속상했던 적이 있나요? 나를 놀리는 친구들에게 멸치 할아버지처럼 지혜로운 방법으로 자신의 생각을 말하여봅시다.

❷ 주인공 멸치가 살고 있는 바다 속을 상상하여 그려봅시다.

02 오즈의 마법사

『오즈의 마법사』는 회오리바람 때문에 집에서 먼 곳으로 온 도로시가 집으로 돌아가기 위해 오즈의 마법사를 찾아가는 이야기입니다. 도로시와 함께 오즈의 마법사를 찾아 떠나볼까요?

똑똑, 생각 열기

■ 도로시와 허수아비, 양철나무꾼이 숲 속에서 사자를 만났어요. 사자는 무엇 때문에 울고 있을까요?

책 속 재미가 솔솔~

❶ 다음 글을 읽어봅시다.

"동쪽 나라의 마녀를 물리쳐 줘서 고마워요. 못된 마녀가 당신의 집에 깔려 죽었거든요."

"저를 캔자스로 돌려 보내주세요."

그러자 요정은 에메랄드 성에 사는 오즈의 마법사에게 부탁해보라고 말해주었어요. 도로시는 오즈의 마법사를 찾아가는 길에 허수아비를 만났어요.

"허수아비님, 소원을 들어준다는 오즈의 마법사를 아세요?"

"저도 그 오즈의 마법사를 만나게 해주세요. 제 머릿속을 지혜로운 생각으로 채우고 싶어요."

도로시는 허수아비와 함께 길을 떠났어요. 숲 속에 도착해 양철나무꾼을 만났어요.

"도와주서요. 저는 비를 맞아 녹이 슬어서 몸을 움직일 수가 없네요."

도로시가 기름을 쳐주어서 양철나무꾼이 움직일 수 있게 되었어요. 양철나무꾼은 도로시처럼 따뜻한 마음을 가지고 싶다며 함께 길을 떠났어요. 얼마 뒤 무서운 사자를 만났어요.

"저는 겁쟁이 사자예요. 어떻게 하면 용감해질 수 있을까요?"라고 말하며 숨었어요. 사자도 용감해지는 방법을 찾기 위해 오즈의 마법사를 찾아가기로 했답니다.

❷ 읽은 내용을 확인하여봅시다.

• 등장인물과 소원을 연결하여봅시다.

허수아비 ●	● 용감함
양철나무꾼 ●	● 지혜로운 생각
사자 ●	● 따뜻한 마음

생각에 날개 달기

❶ 겁이 많은 사자에게 해주고 싶은 말을 편지로 써봅시다.

❷ 여러분이 오즈의 마법사를 만난다면 어떤 소원을 빌고 싶나요? 자신의 소원을 써봅시다.

❸ 학을 정성스럽게 접으면 소원이 이루어진다는 말이 있답니다. 색종이에 소원을 쓰고 학으로 접어봅시다.

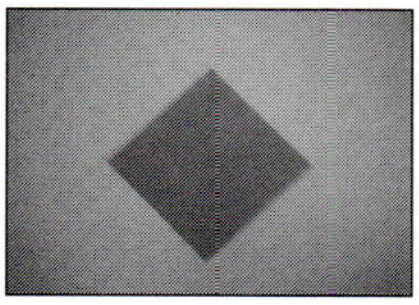
① 세로 중심 잡기

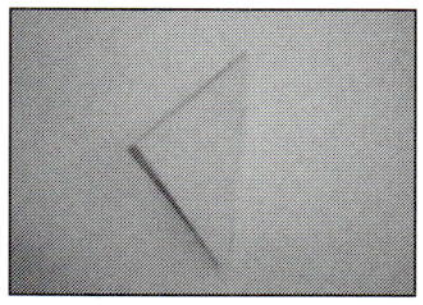
② 반으로 접기

③ 반의 반 접기

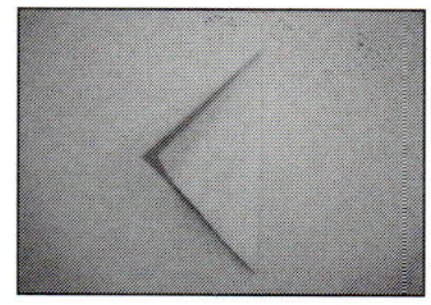
④ 다시 펼쳐 1/4 접기

⑤ 1/4만큼 접기

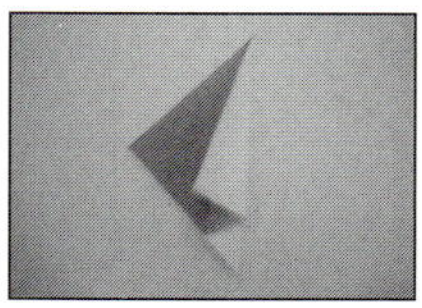
⑥ 지그재그로 접기

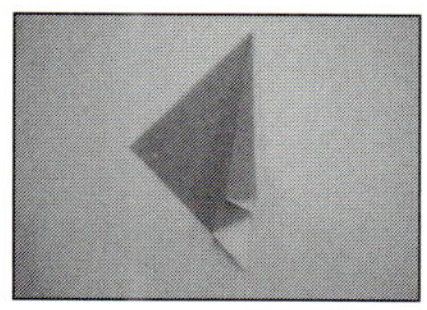
⑦ 지그재그로 계단 접기

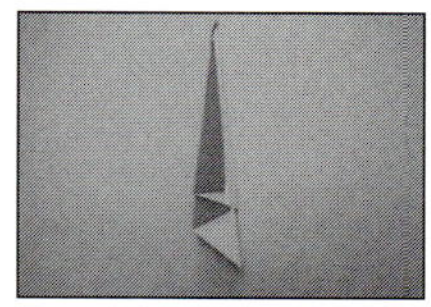
⑧ 반대 쪽도 접기

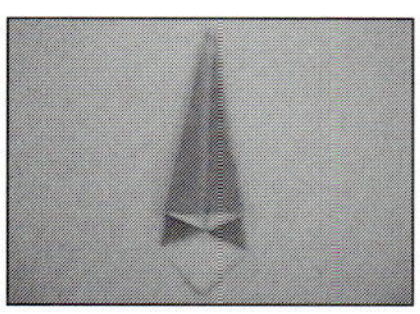
⑨ 펼치기

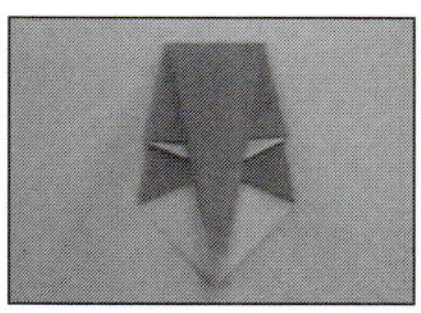
⑩ 반으로 접기

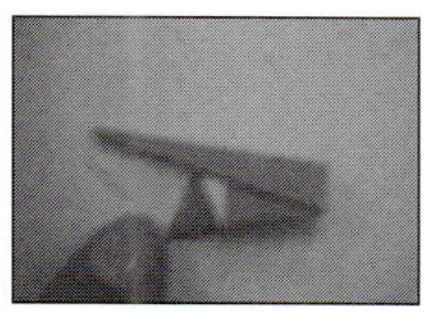
⑪ 반으로 접기

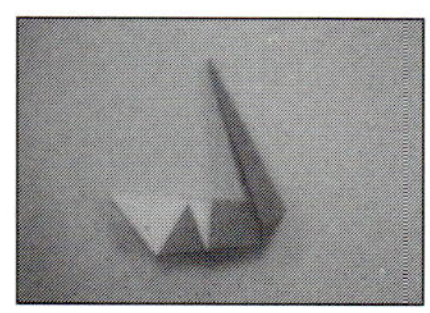
⑫ 목과 머리 세우기

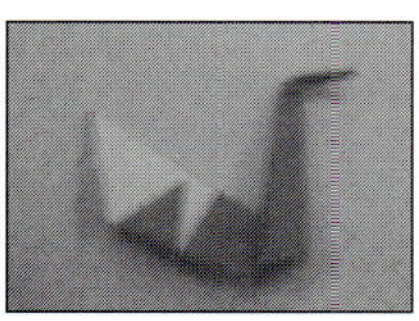
⑬ 머리 모양 접기

접은 학을 붙여보세요!

03 미운 오리 새끼

『미운 오리 새끼』는 크고 못생겼다는 이유로 가족들에게 미움을 받던 새끼 오리가 겨울이 지나 봄이 되자 백조가 된다는 이야기입니다. 힘든 상황을 참고 견뎌 행복을 되찾은 백조의 모습을 보면서 여러분도 용기를 가져봅시다.

똑똑, 생각 열기

■ 오리 가족과 백조 가족이 물놀이를 하고 있었습니다. 못생겼다고 미움을 받던 새끼 오리가 길을 잃어 그만 백조 가족을 따라가버렸어요. 미운 오리는 어떻게 되었을까요?

책 속 재미가 솔솔~

❶ 다음 글을 읽어봅시다.

미운 오리 새끼의 일기

2011년 10월 5일 날씨 흐림

어제 집을 나왔어. 왜냐하면 가족들이 나에게 못생겼다고 놀리며 함께 놀아주지도 않고 괴롭혔기 때문이야. 난 너무 슬퍼서 혼자 울었어. 물 속에 비친 내 모습을 보면서 나도 언니처럼 예쁜 부리를 가진 아름다운 오리가 되고 싶다고 생각했어. 아무도 나를 사랑해주지 않아.

내 이름은 '미운 오리 새끼'야. 내가 왜 그런 이름을 가지게 되었냐면 못생겼기 때문이야. 내가 태어나던 날 톡톡 부리로 알 껍질을 깨고 밖으로 나갔어. 벌써 언니, 오빠들은 알 밖으로 나와 있었어. 그런데 엄마가 나를 보더니 깜짝 놀라서 말씀하시는 거야.

"아니! 막내가 왜 이렇게 크고 못생겼지?"

언니 오리, 오빠 오리도 나만 보면 웃으면서 못생겼다고 놀렸어. 가족들은 못생긴 내가 없어졌으니 좋아하겠지? 낮에 호숫가에 앉아 있는데 백조 가족이 헤엄을 치며 사이좋게 놀고 있었어.

② 읽은 내용을 확인하여봅시다.

• 미운 오리 새끼는 왜 집을 나왔나요?

• 다른 오리들에게 놀림을 당한 미운 오리 새끼의 마음을 찾아 말이나 글로 표현해보세요.

생각에 날개 달기

❶ 미운 오리 새끼는 사실 백조의 새끼였답니다. 미운 오리 새끼의 이름을 새롭게 짓고 그 까닭을 써봅시다.

이름:

그렇게 이름을 지은 까닭:

❷ 미운 오리 새끼처럼 우리와 다른 생김새를 가진 친구를 만난다면 어떻게 대해 줄지 써봅시다.

생각 놀이터

❶ 용기와 희망을 줄 수 있는 말을 찾아 동그라미 해봅시다. 그리고 빈칸에 용기와 희망을 줄 수 있는 말을 써봅시다.

04 임금님 귀는 당나귀 귀

『임금님 귀는 당나귀 귀』에 나오는 임금님에게는 남에게 알리고 싶지 않은 비밀이 하나 있답니다. 임금님의 비밀이 무엇인지 생각하면서 이야기를 읽어봅시다.

똑똑, 생각 열기

- 임금님에게는 한 가지 걱정거리가 있답니다. 임금님의 걱정거리는 무엇일까요?

책 속 재미가 솔솔~

❶ 읽은 내용을 확인하여봅시다.

- 임금님의 걱정거리는 무엇인가요?

• 임금님은 걱정거리를 숨기기 위해 어떻게 하였나요?

생각에 날개 달기

1. 임금님이 고민을 해결해준 이발사에게 큰 상을 내리라고 하였습니다. 이발사가 임금님의 고민을 어떻게 해결하였을지 상상하여 그림이나 글로 나타내어 봅시다.

❷ 친구들과 함께 '임금님 귀는 당나귀 귀' 역할극을 해봅시다.

- 임금님: (머리를 만지며) 머리가 길었구나. 이발사를 데려 오너라.
- 신 하: 알겠사옵니다.
- 이발사: 임금님, 왕관을 벗으십시오.
- 임금님: 내 귀에 대해서 누구에게도 말하지 말거라.
- 이발사: 걱정하지 마십시오. 귀가 보이지 않게 해드리겠습니다.
- 임금님: 이발사에게 큰 상을 내리도록 하여라.

❸ 나의 고민을 쓰고, 보기와 같이 그것을 좋은 점으로 바꾸어 써봅시다.

[나의 고민] [좋은 점으로 바꾸기]

저는 목소리가 작습니다. → 작은 목소리로 친구들과 의논할 수 있습니다.

[나의 고민] [좋은 점으로 바꾸기]

( ) → ( )

( ) → ( )

( ) → ( )

( ) → ( )

( ) → ( )

Chapter 14

파랑-풍부한 감성을 키우는 이야기

파랑마당...

풍부한 감성을 키우는 이야기

이 마당에서는...

'풍부한 감성을 키우는 이야기'에서는 이야기 속에서의 다양한 체험을 통해 호기심과 탐구심을 갖게 하고, 자신만의 느낌과 생각을 창의적으로 표현할 수 있도록 구성하였습니다.
이 이야기들은 아이들의 풍부한 감성을 자극하여 아름다운 세상을 만들 수 있는 밑거름이 될 것입니다.

이런 책을 담았어요...

- 제비가 들려주는 엄지 공주–두꺼비에게 잡혀간 엄지 공주가 어려움을 이겨내는 이야기
- 플란더스의 개–네로와 그를 지켜주는 개, 파트라슈의 우정 이야기
- 성냥팔이 소녀–추운 겨울 성냥을 팔아 희망을 꿈꾸었던 한 소녀의 슬픈 이야기
- 알리바바와 40인의 도둑–알리바바의 신기한 모험 이야기

풍부한 감성을 키우는 책 꾸러미

- 가장 아름다운 자연일기
- 갯벌에 뭐가 사는지 볼래요
- 고사리 손 요리책
- 도둑고양이 연구
- 마음은 언제나 네 편이야
- 바바의 미술관
- 사계절 생태놀이
- 한나의 방울토마토

01 제비가 들려주는 엄지 공주

『엄지 공주』 이야기는 어떤 고난과 어려움도 참고 견디면 반드시 좋은 일이 생긴다는 것을 말하고 있습니다.

똑똑, 생각 열기

- 자신이 알고 있는 동물과 곤충들의 모습을 생각해보고, 어떻게 살아가는지 이야기해봅시다.

책 속 재미가 솔솔~

❶ 다음 글을 읽어봅시다.

제비는 그동안 엄지 공주가 겪었던 일들을 이야기하기 시작했어요.

엄지 공주가 쌔근쌔근 자는 사이에 두꺼비가 몰래 엄지 공주를 안고 갔답니다. 엄지 공주를 색시로 삼으려 한 거죠. 엄지 공주는 하루 종일 울기만 했어요. 그런데 가재가 튼튼한 집게발로 엄지 공주가 앉아 있던 연잎을 끊어 가였은 엄지 공주가 도망가도록 해주었죠.

쓰러진 엄지 공주를 발견한 것은 들쥐 아줌마였어요. 그때부터 엄지 공주는 들쥐 아줌마네 집에서 살게 되었죠. 하지만 또다시 슬픈 일이 생겼어요. 이웃집에 사는 두더지가 엄지 공주를 보고는 들쥐 아줌마에게 자기 색시로 삼게 해 달라고 졸라 댔거든요. 엄지 공주는 들쥐 아줌마의 부탁을 거절할 수 없었어요.

햇살이 따스하게 비추던 어느 날 아침, 엄지 공주와 나는 숲을 거닐었어요.

"제비야, 이제 너도 떠날 때가 된 거 같구나." 하고 엄지 공주는 슬픈 얼굴을 하였어요.

"너도 나와 함께 남쪽 나라로 가지 않을래?"

"안 돼, 난 봄이 오면 두더지와 결혼하기로 했거든."

"넌 두더지가 아니야. 넌 땅 속에서 살 수 없어."

❷ 읽은 내용을 확인하여봅시다.

• 두꺼비에게 잡혀 간 엄지 공주는 어떻게 도망갈 수 있었나요?

• 들쥐 아줌마는 엄지 공주에게 어떤 부탁을 하였나요?

생각에 날개 달기

❶ 내가 만약 엄지 공주가 되어 땅 속에서 산다면 무엇이 필요할지 상상하여 그림이나 글로 표현해봅시다.

02 플란더스의 개

『플란더스의 개』 이야기는 우정의 소중함을 알게 해주는 이야기입니다. 여러분들은 지금 곁에 있는 친구들을 이해하고 항상 도와주며 생활하고 있나요?

똑똑, 생각 열기

- 내가 네로처럼 억울한 누명을 쓰게 된다면 어떻게 할까 생각하여봅시다.

책 속 재미가 솔솔~

❶ 다음 글을 읽어봅시다.

"이건 아로아네 아버지 지갑이야. 어서 갖다 드리자. 아저씨께서 얼마나 걱정하시겠니?"

네로는 지갑을 들고 아로아네 집으로 달려갔어요.

"아주머니, 파트라슈가 지갑을 찾았어요. 아저씨께 잘 말씀드려 파트라슈를 데리고 있어주세요." 하고 네로는 나를 남겨둔 채 어둠 속으로 사라졌어요.

뒤늦게 지갑을 받은 아로아네 아버지는 뉘우쳤어요.

"흐흐흑, 네로! 내가 네게 정말 몹쓸 짓을 했구나! 아로아, 날이 밝는 대로 네로를 우리 집에 데려오자꾸나."

아로아는 기뻐하며, 나를 끌어안았어요. 하지만 내 머릿속은 온통 네로 생각뿐이었어요. '네로, 어디 있는 거니?'

그 순간 내 머릿속을 스치고 지나가는 생각이 있었어요. 나는 열린 문틈으로 쏜살같이 빠져나와 성당을 향해 뛰어갔어요. 네로는 성당의 그림 앞에 쓰러져 있었던 거예요.

❷ 읽은 내용을 확인하여봅시다.

• 네로는 "아주머니, 파트라슈가 지갑을 찾았어요. 아저씨께 잘 말씀드려 파트라슈를 데리고 있어주세요."라고 말했어요. 왜 그렇게 말했을까요?

• 네로가 파트라슈를 남겨 둔 채 간 곳은 어디인가요?

생각에 날개 달기

❶ 만약 네로가 아로아 아버지의 지갑을 돌려주지 않았다면 어떤 일이 벌어졌을까요? 새로운 이야기를 그림이나 글로 표현해봅시다.

1

네로: 지갑을 돌려주지 말아야겠어!

2

3

4

❷ 네로는 성당을 찾아가 루벤스의 '화환 속의 성모' 그림을 보게 됩니다. 네로는 무엇을 떠올렸을까요? 어떤 마음이었을까요? 네모 안에 써봅시다.

1

2

3

4

03 성냥팔이 소녀

『성냥팔이 소녀』는 우리 주위에 있는 우리들의 도움과 사랑의 손길을 필요로 하는 사람들을 되돌아보게 합니다.

똑똑, 생각 열기

■ 내가 맨발로 걷고 있는 성냥팔이 소녀를 만났다면 어떻게 소녀를 도와줄 수 있을지 생각하여봅시다.

책 속 재미가 솔솔~

❶ 다음 글을 읽어봅시다.

소녀는 성냥 한 개를 벽에 그었습니다. 그러자 성냥불은 곧 활활 타오르는 따뜻한 난로로 변했습니다. 소녀가 불을 쬐려고 하자 성냥불이 사르르 꺼지면서 난로도 사라져버렸습니다. 두 번째 성냥을 그었습니다. 이번에는 아주 맛있는 음식들로 가득한 식탁이 나타났습니다. 그러나 성냥불이 꺼지면서 음식들도 사라졌습니다.

소녀는 다시 한 번 성냥을 그어 불을 밝혔습니다. 그러자 이번에는 눈앞에 촛불이 가득하고 화려한 크리스마스 트리가 나타났습니다. 소녀가 크리스마스 트리를 만지려고 하자, 또 다시 사라지고 말았습니다.

그러나 촛불은 꺼지지 않고 하늘로 올라 별처럼 환하게 빛나고 있었습니다. 소녀가 밤하늘의 별을 바라보고 있을 때, 별 하나가 긴 꼬리를 그리며 떨어져 내렸습니다.

"별 하나가 떨어지면 생명이 하나 사라지는 거란다."

할머니의 말씀이 생각났습니다.

소녀는 다시 성냥 하나를 그어 불을 밝혔습니다.

2 읽은 내용을 확인하여봅시다.

• 성냥팔이 소녀가 성냥을 그어 불을 밝혔을 때 보았던 것을 써봅시다.

• 소녀가 밤하늘을 바라보고 있을 때, 별 하나가 긴 꼬리를 그리며 떨어졌습니다. 이것은 무엇을 뜻하는 것일까요?

생각에 날개 달기

❶ 주위에 가정 형편이 어려운 친구가 있다면 그 친구를 도울 수 있는 방법을 생각하여 써봅시다.

04 알리바바와 40인의 도둑

『알리바바와 40인의 도둑』은 "열려라, 참깨!", "닫혀라, 참깨!" 하고 주문을 외우면 바위 문이 저절로 열리고 닫히는 거짓말 같은 이야기입니다. 바위 문 뒷편에서는 무슨 일이 일어날지 이야기 속으로 들어가볼까요?

똑똑, 생각 열기

- "열려라, 참깨!", "닫혀라, 참깨!"라는 주문보다 더 재미있는 주문을 생각하여봅시다.
- 내가 만약 주문을 잊어버리고, 동굴 안에 갇혔다면 어떻게 동굴 밖으로 나올 수 있을지 방법을 찾아봅니다.

책 속 재미가 솔솔~

❶ 다음 글을 읽어봅시다.

나는 얼른 나무에서 내려와 바위 문 앞에 서서 큰 소리로 외쳤어요.

"열려라, 참깨!" 꿈쩍하지 않을 것 같던 바위 문이 스르르 열렸어요. 나는 동굴 속으로 들어가 금화를 자루에 가득 담아 밖으로 나왔어요. 그리고는 "닫혀라, 참깨!" 하고 외치자, 바위 문이 쾅르릉! 닫히는 거예요.

카심 형님은 커다란 자루를 짊어지고, 신기한 바위 앞으로 달려갔어요. "열려라, 참깨!" 스르르~ 바위 문이 열리자 카심 형님은 동굴 속으로 들어갔어요. 형님은 자루 속에 금화와 보석을 가득 넣고는 큰 소리로 주문을 외쳤어요. "열려라, 보리!"

형님은 보물에 눈먼 나머지 그만 주문을 잊어버렸던 거예요. 당황한 형님은 "열려라, 완두콩! 열려라, 쌀! 열려라, 팥!" 하고 외쳤지만 바위 문은 꿈쩍하지 않았어요.

그때였어요. 따가닥! 따가닥! 말발굽 소리가 들리더니 도둑 무리가 동굴 속으로 들어왔어요. 도둑의 우두머리는 화가 나서 얼굴이 빨갛게 달아올랐어요.

"바로 네 놈이 지난번에 금화를 훔쳐 간 놈이구나, 에잇!"

❷ 읽은 내용을 확인하여봅시다.

• 신기한 바위 문의 주문은 무엇인가요?

• 카심 형님은 왜 동굴 안에 갇혀 죽게 되었나요?

생각에 날개 달기

❶ 알리바바는 도둑의 물건을 훔쳤습니다. 그래서 재판을 받으러 판사님께 갔답니다. 여러분이 판사가 되어 판결을 내려봅시다.

____

____

____

판결을 내립니다.

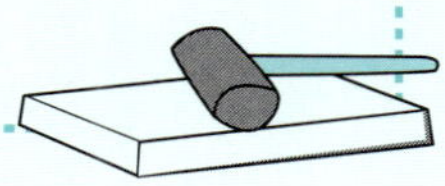

❷ 신기한 바위 문을 여는 새로운 주문을 만들어봅시다. 그리고 왜 그렇게 만들었는지 이유를 말하여봅시다.

보기

열려라 참깨!

왜냐하면 참깨는 매우 비싸기 때문입니다.

주문은

(　　　　　　　　　　)

왜냐하면

(　　　　　　　　　　)

Chapter 15

남색-사랑과 감동이 가득한 이야기

남색마당...

사랑과 감동이 가득한 이야기

이마당에서는...

'사랑과 감동이 가득한 이야기'는 평소 자신밖에 모르는 우리 아이들에게 자신보다는 다른 사람을 먼저 생각해볼 수 있는 이야기로 활동을 구성하였습니다. 다른 사람을 위해 사랑을 실천하는 주인공의 모습에서 감동을 느끼며, 평소 생활에서 사랑을 실천하려는 아름다운 마음을 심어줄 수 있을 것입니다.

이런책을 담았어요...

- 견우와 직녀–사랑하면서도 일 년에 한 번 밖에 만날 수 없는 슬픈 사랑 이야기
- 우렁이 각시–용왕님의 도움으로 문제를 해결하여 행복하게 살아가는 이야기
- 크리스마스 선물–가장 소중한 것을 팔아 서로에게 필요한 선물을 준비하는 행복한 부부의 감동적인 이야기
- 행복한 왕자–자신의 모든 것을 사람들에게 나눠 주면서 사랑을 실천하는 이야기

사랑과 감동이 가득한 책 꾸러미

- 말하는 남생이
- 바리 공주
- 백설 공주
- 백일홍
- 선녀와 나무꾼
- 신데렐라
- 인어 공주
- 연오랑과 세오녀
- 플란더스의 개
- 호두까기 인형

01 견우와 직녀

사랑하는 사람을 일 년에 딱 한 번만 만날 수 있다면 얼마나 슬플까요?
사랑하면서도 헤어져서 살아가야만 하는 『견우와 직녀』를 만나봅시다.

똑똑, 생각 열기

■ 하늘나라에는 누가 살고 있을지 상상해볼까요?

■ 견우와 직녀는 일 년에 한 번만 만날 수 있다고 합니다. 견우와 직녀에게 어떤 일이 있었을까요?

책 속 재미가 솔솔~

❶ 다음 글을 읽어봅시다.

견우와 직녀가 만나는 칠월칠석날이었죠.

은하수는 너무 넓고 큰 강이어서 견우와 직녀는 멀리서 서로 얼굴만 바라볼 뿐 손도 한번 잡을 수 없었어요. 그래서 두 사람은 하염없이 눈물만 흘렸어요. 견우와 직녀가 얼마나 울었는지 두 사람의 눈물은 세상에 큰 비로 내려 홍수가 나고 말았어요. 세상의 동물들은 걱정을 하며 말했지요.

"이 비는 견우와 직녀가 은하수를 건너지 못해 흘리는 눈물이야."

"두 사람이 만나야 이 비가 그칠 텐데…."

동물들은 고민한 끝에 견우와 직녀에게 다리를 놓아주기로 했어요.

"그래, 맞아. 하늘 높이 날아오를 수 있는 까마귀와 까치가 다리는 놓아주는 일을 하면 되겠구나."

이듬해, 칠월칠석날 은하수에 모인 까마귀와 까치는 머리를 잇대어 다리를 만들었죠. 견우와 직녀는 그 다리를 밟고 서로 만나게 되었어요.

❷ 읽은 내용을 확인하여봅시다.

• 견우와 직녀가 칠월칠석날 만난 곳은 어디입니까?

• 견우와 직녀가 서로 만날 수 있도록 도와준 새를 찾아 ○표 하세요.

비둘기	독수리
까마귀	까치

생각에 날개 달기

❶ 견우와 직녀를 만나게 해준 다리는 까마귀와 까치가 만들었어요. 이 다리를 대신할 수 있는 멋진 다리를 상상하여 그려봅시다.

❷ 멋진 다리를 상상하여 그렸나요? 자신이 만든 다리의 좋은 점, 흥미로운 점을 생각하여 말이나 글로 표현해봅시다.

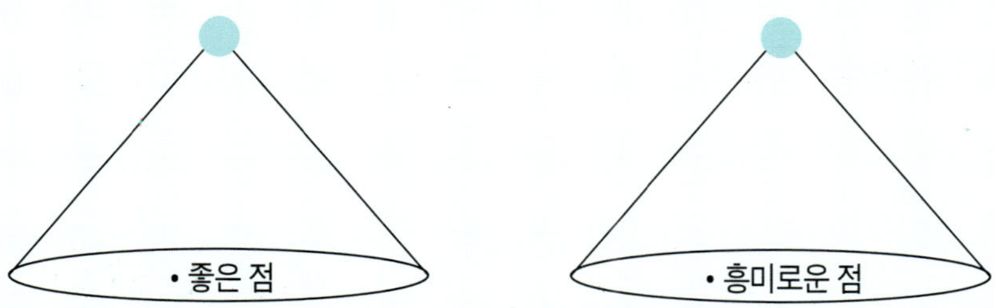

02 우렁이 각시

여러분, 누군가의 도움을 받아본 적이 있나요? 아무도 모르게 누군가를 도와준다는 것은 정말 힘든 일이죠. 남을 도와주는 아름다운 마음을 『우렁이 각시』 이야기를 통해 만나봅시다.

똑똑, 생각 열기

■ 물독에 있던 우렁이가 어떻게 사람이 되어 집안 일을 도와주고 있는지 상상하여 볼까요?

책 속 재미가 솔솔~

❶ 다음 글을 읽어봅시다.

어느 날 자기를 데려가 달라는 우렁이의 말을 듣고 마음씨 착한 젊은이는 우렁이를 집에 데려가 물독에 넣어주었어요.

우렁이는 아리따운 아가씨가 되어 젊은이 몰래 집안 일을 해주었어요. 우렁이 아가씨와 젊은이는 부부가 되었지요. 같이 부부가 되면 힘든 일이 생길 것이라는 아가씨의 말을 듣지 않고 말이에요.

한참 뒤 젊은이는 예쁜 우렁이 각시를 탐내는 임금님과 불리한 내기를 하게 되었어요. 젊은이가 이기면 임금님의 재산 반을 갖고, 내기에서 진다면 젊은이는 우렁이 각시를 임금님에게 주는 조건이었죠. 내기의 내용은 산에 있는 나무를 누가 빨리 베는가, 말 타고 누가 빨리 강을 건너는가, 배를 타고 누가 빨리 바다를 건너는가였어요.

젊은이가 울면서 각시에게 걱정을 하자 각시는 반지를 내어주며 강가에 가서 반지를 던지라고 일러주었지요. 정말로 각시가 준 반지를 강에 던지자 용왕님이 나타나 호리병을 주면서 이길 수 있는 방법은….

❷ 읽은 내용을 확인하여봅시다.

• 젊은이의 집에서 누가 집안 일을 해주었나요?

• 임금님과 젊은이는 어떤 내기를 하게 되었나요?

• 용왕님은 젊은이에게 무엇을 주었나요?

생각에 날개 달기

❶ '우렁이 각시가 우리 집에도 나타난다면 ________' 무엇을 해주었으면 좋겠는지 상상하여 써봅시다.

❷ 용왕님이 준 호리병 속에는 무엇이 들어 있을지 상상해서 그림이나 글로 표현해봅시다.

❸ 책 내용과 느낀 점을 노랫말로 만들어 불러봅시다.

제목: 산토끼 토끼야

산	토	끼	토	끼	야

어	디	를	가	느	냐

깡	총	깡	총	뛰	면	서

어	디	를	가	느	냐

03 크리스마스 선물

『크리스마스 선물』은 사랑하는 사람을 위해 자신에게 가장 소중한 것을 주고 행복을 느끼는 감동적인 이야기입니다.

똑똑, 생각 열기

- 크리스마스 하면 떠오르는 것을 이야기하여볼까요?
- 사랑하는 사람에게 감동을 주는 선물을 한다면 어떤 것이 좋을지 생각하여볼까요?

책 속 재미가 솔솔~

❶ 다음 글을 읽어봅시다.

내일은 크리스마스예요.

가난한 부부 델라와 짐에게 가진 것이라고는 아내 델라의 탐스러운 머리카락과 짐의 멋진 시계 말고는 아무것도 없었어요.

'사랑하는 남편을 위해 무엇을 준비할까?'

델라는 남편 짐에게 멋진 크리스마스 선물을 사주고 싶었어요. 하지만 선물을 살 만큼 돈이 없었어요. 델라는 이 슬픈 사실에 눈물을 흘리며 고민을 하다가 아끼고 아끼던 탐스러운 머리카락을 팔아 남편 시곗줄을 사기로 결심했어요.

'남편이 머리카락을 잘라버린 내 모습을 싫어하지는 않을까?' 하고 걱정은 했지만 남편을 위해서라면 무엇이든 할 수 있다고 생각한 델라는 머리카락을 잘라서 팔아 시곗줄을 샀어요.

이런 사실도 모르고 남편은 자신의 아내 델라를 위해 자신이 아끼는 시계를 팔아 아내를 위해 머리빗을 사서 집으로 돌아왔어요.

2 읽은 내용을 확인하여봅시다.

• 델라와 짐이 남편과 부인을 위해 각각 어떤 선물을 준비했나요? 선으로 연결해보세요.

델라(부인) ●	● 머리빗
짐(남편) ●	● 시곗줄

• 다음 문장을 자신의 생각대로 완성해보세요.

사랑은 ____________________ 이다.

생각에 날개 달기

❶ 가난한 델라와 짐은 자신이 아끼는 것을 팔아서 서로의 선물을 샀어요. 아끼는 것을 팔지 않고 선물을 한다면 어떤 선물을 준비할 수 있을지 생각해봅시다.

내가 ____________________ 라면

____________________ 선물하겠습니다.

❷ 사랑하는 사람을 떠올려보세요. 사랑하는 사람에게 필요한 선물을 생각해보고 글이나 그림으로 표현하여봅시다.

엄마		

3 가난한 델라와 짐이 소중한 것을 팔지 않았다면 이야기는 어떻게 되었을까요? 상상하여 써봅시다.

04 행복한 왕자

여러분은 언제 행복을 느끼나요? 자신을 희생하면서까지 가난한 사람을 도와주는 행복한 왕자와 제비의 아름다운 이야기를 만나봅시다.

똑똑, 생각 열기

- 왕자의 온 몸은 얇은 금으로 덮여 있으며, 두 눈은 반짝이는 사파이어로 되어 있어요. 이런 멋진 모습의 왕자가 울고 있군요. 왕자는 왜 눈물을 흘리고 있을까요?
- 행복을 색깔로 표현한다면 어떤 색깔일까요? 상상하여봅시다.

책 속 재미가 솔솔~

❶ 다음 글을 읽어봅시다.

행복한 왕자님이 말했어요.

"제비야! 한 가지 소원이 있는데 들어줄 수 있겠니?"

"네, 제가 할 수 있는 일이라면 얼마든지 들어드릴게요."

"내 칼에 박혀 있는 이 루비를 빼서 병든 어린아이의 집에다 가져다주고 오너라. 광장에서 내려다보니 가난한 소년이 병이 들어 힘들어하고 있구나."

"네, 왕자님! 이 루비를 팔면 불쌍한 아이가 약도 사고 병원도 갈 수 있겠군요."
제비는 피곤한 것도 잊고 루비를 물고 병들고 가난한 어린아이의 집에 갖다 주었어요.
"제비야! 저기 광장을 봐라. 맨발의 성냥팔이 소녀가 너무 불쌍하구나. 제비야 어서 내 사파이어 눈을 빼서 저 소녀에게 주고 왔으면 좋겠구나."
제비는 왕자의 사파이어 눈을 빼서 소녀 앞에 떨어뜨려 주었어요. 이제 제비는 눈이 없는 불쌍한 왕자님을 두고 혼자 남쪽으로 떠날 수 없었어요.

❷ 읽은 내용을 확인하여봅시다.

- 행복한 왕자가 도와준 사람은 누구인지 쓰세요.
- 제비는 행복한 왕자를 떠나지 않겠다고 했어요. 왜 그렇게 말했는지 찾아 밑줄을 그어보세요.

생각에 날개 달기

❶ 행복에 대한 느낌을 표현해보세요.

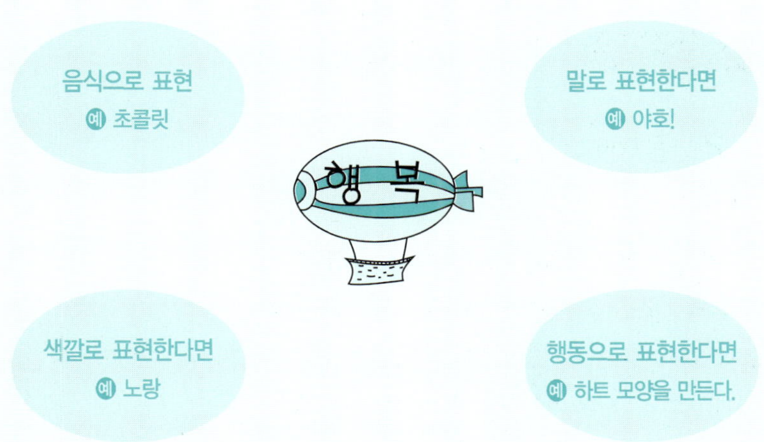

Chapter 16

보라-환상적인 모험을 떠나는 이야기

1 개와 고양이

2 이상한 나라의 앨리스

3 걸리버 여행기

4 도깨비와 개암

보라마당...

환상적인 모험을 떠나는 이야기

이 마당에서는...

'환상적인 모험을 떠나는 이야기'에서는 이야기 속의 주인공들이 신비로운 경험과 신기한 곳으로 여행하며 펼쳐지는 에피소드를 담은 책들을 소개할 것입니다.
이 이야기들을 통해 새로운 것을 탐험하고자 하는 진취적인 기상을 기를 수 있습니다.

이런 책을 담았어요...

- 개와 고양이–개와 고양이가 푸른 구슬을 되찾기 위해 찾아간 이웃 마을에서 펼쳐지는 이야기
- 이상한 나라의 앨리스–앨리스가 이상한 나라에서 경험하게 된 이야기
- 걸리버 여행기–선원인 걸리버가 소인국으로 가서 펼치는 이야기
- 도깨비와 개암–형제가 도깨비를 만나 펼치는 각기 다른 상황의 이야기

환상적인 모험을 떠나는 책 꾸러미

- 구렁덩덩 신 선비
- 반쪽이
- 사윗감 찾아 나선 쥐
- 솥 안에 든 거인
- 오즈의 마법사
- 은혜 갚은 까치
- 재주꾼 여섯 형제
- 톰 소여의 모험

01 개와 고양이

『개와 고양이』 이야기는 고양이와 개가 주인을 돕기 위해 새로운 세상으로 떠나 그 곳에서 일어나는 이야기들을 재미있게 꾸민 전래동화입니다.

똑똑, 생각 열기

■ 개와 고양이에 대한 자신의 경험을 이야기해봅시다.

책 속 재미가 솔솔~

1 다음 글을 읽어봅시다.

옛날 옛날에 마음씨 착한 할아버지와 할머니가 살고 있었습니다.

어느 날 할아버지는 자기 낚싯대에 걸려든 커다란 잉어를 불쌍히 여겨 목숨을 살려주었는데 이 잉어는 용왕님의 아들이었답니다. 용왕님의 아들은 목숨을 살려준 할아버지께 은혜를 갚고자 용궁으로 데려가 푸른 구슬을 주었습니다. 푸른 구슬은 무슨 소원이든 다 들어주는 요술구슬이었습니다. 할아버지와 할머니는 푸른 구슬 덕분에 부자가 되어 살게 되었습니다.

한편, 강 건너 마을에 살던 심술쟁이 할머니가 푸른 구슬이 탐이 나 마음씨 착한 할머니 집에서 구슬을 훔쳐 왔습니다. 할아버지와 할머니는 다시 가난해졌습니다. 이때, 할머니와 할아버지가 친자식처럼 여겨온 개와 고양이는 낙담에 빠진 할아버지와 할머니를 보고 푸른 구슬을 되찾아오기로 하였습니다. 할아버지와 할머니를 위해 푸른 구슬을 찾아 떠나는 개와 고양이….

❷ 다섯 고개 놀이를 하면서 읽은 내용을 알아봅시다.

- 누구와 누가 글 속에 등장하였나요?
- 물고기는 누구의 아들이었나요?
- 용왕님이 주신 선물은 무엇인가요?
- 누가 선물을 훔쳐 갔나요?
- 개와 고양이는 어디로 갔을까요?

생각에 날개 달기

❶ 개와 고양이는 푸른 구슬을 훔쳐 간 심술쟁이 할머니의 집에서 구슬을 다시 찾아옵니다. 여러분들이 개와 고양이라면 어떤 방법으로 구슬을 다시 찾아올까요?

❷ 개와 고양이가 사이가 좋지 않게 되었는데, 지금 그들에게 선물을 주어 화해를 시키려고 한다면 어떤 선물을 주고 싶은지 그려봅시다.

개 선물			고양이 선물

02 이상한 나라의 앨리스

『이상한 나라의 앨리스』 이야기는 주인공인 앨리스가 토끼를 따라가면서 일어나는 신기한 일들에 대해 적혀 있는 책입니다. 어떤 신비로운 이야기들이 기다리고 있는지 읽어보도록 할까요?

똑똑, 생각 열기

- 『이상한 나라의 앨리스』 이야기에서 경험하게 될 나라들은 어떤 나라들일지 생각하여봅시다.
- 앨리스가 따라가는 토끼는 어떤 토끼일지 생각하여봅시다.

책 속 재미가 솔솔~

❶ 다음 글을 읽어봅시다.

나른한 여름 오후, 언니가 읽어주는 역사 얘기를 들으며 졸고 있던 꼬마 소녀 앨리스는 하얀 토끼가 뛰어가는 걸 보고 뒤를 쫓아간다.

토끼구멍 속으로 따라 들어가 보니 그곳은 완전히 신비한 세계다. 작은 문의 손잡이는 말을 하고, 테이블 위의 약병을 마시니까 앨리스는 병 속에 들어갈 정도로 아주 작아져서, 자기가 흘렸던 눈물의 파도를 타고 열쇠 구멍을 지나간다.

앨리스가 도착한 곳에서는 뱃사람 도도를 비롯한 한 떼의 무리가 파도치는 바닷가를 달리며 젖은 몸을 말리자는 노래를 부르고 있었다. 물 속에서 아무리 빙글빙글 돌아봤자 몸은 마르지 않는다고 얘기를 해봐도 듣지 않는다.

② 읽은 내용을 확인하여봅시다.

- 사건이 일어난 순서대로 나열해보세요.

㉠ 테이블 위의 약병을 마셨어요.

㉡ 나른한 오후에 졸고 있었어요.

㉢ 눈물 파도를 타고 열쇠 구멍을 지나 바닷가로 갔어요.

㉣ 뛰어가는 하얀 토끼를 따라갔어요.

(　　　) ➡ (　　　) ➡ (　　　) ➡ (　　　)

생각에 날개 달기

① 색종이를 이용하여 앨리스가 다녀온 이상한 나라를 꾸며보고 글로 적어봅시다.

03 걸리버 여행기

배의 선원이었던 걸리버가 겪은 환상적인 모험이 여러분들을 기다립니다. 모두 그 환상적인 모험을 경험하러 떠나볼까요?

똑똑, 생각 열기

■ 걸리버가 경험한 나라와 모험은 어떠한 것일지 상상하여봅시다.

책 속 재미가 솔솔~

❶ 다음 글을 읽어봅시다.

배 선원으로 일하던 걸리버는 갑작스런 폭풍에 의해 난쟁이 나라 '리리파트 국'으로 조난당하게 된다. 이 나라의 소인들은 다른 사람들보다 몸집이 몇 배나 큰 걸리버를 괴물로 생각하고 쓰러져 있는 걸리버를 해변에 묶어 놓기도 하지만 결국 그의 진심을 알고 풀어주게 된다. 한편 리리파트 국은 적국 브레프스 큐 왕국에게 위협을 받고 있었는데, 그들의 공격을 걸리버가 막아주게 되고, 결국 소인국 국민들은 걸리버를 인정해준다. 특히 걸리버는 메리 공주와 죠니 왕자가 서로 숨기고 있던 감정을 솔직히 이야기해 사랑할 수 있도록 도와주기도 하고 두 적대국의 사이를 좋게 만들어 주기도 한다.

❷ 읽은 내용을 확인하여봅시다.

• 위 글의 내용과 관련 있는 것을 찾아 선으로 연결하여봅시다.

걸리버의 직업 ●	● 선원
걸리버가 조난 당한 나라 이름 ●	● 죠니 왕자
메리 공주 ●	● 리리파트

• 다음 ________ 안을 채워 알맞은 문장을 완성하여봅시다.

걸리버와 ________________ 곳으로 여행 가고 싶다.

왜냐하면 ______________________________.

생각에 날개 달기

❶ 소인국 사람들은 처음에 걸리버를 괴물이라고 생각하고 밧줄로 묶어 두었다가 나중에 풀어주었습니다. 만일 자신이 소인국 사람이었다면 어떻게 했을지 생각하여 적어봅시다.

내가 ____________________ 라면

____________________ 입니다.

❷ 만약, 걸리버가 '리리파트 국'이 아닌 적국의 바다로 조난 당했다면 어떤 일이 벌어졌을지 상상하여 이야기로 꾸며봅시다.

생각 놀이터

❶ 보기와 같이 끝말 잇기 놀이를 하여봅시다.

보기

걸리버 여행기 ➡ 기러기 가족의 꿈 ➡ 꿈 너머 꿈

04 도깨비와 개암

『도깨비와 개암』 이야기는 착한 사람은 복을 받고 욕심 많은 사람은 벌을 받는다고 하는 내용으로 신기한 도깨비 나라를 경험하게 될 거예요. 모두들 신기한 도깨비 나라로 여행할 준비가 되었죠?

똑똑, 생각 열기

■ 도깨비에 관한 자신의 느낌을 이야기해봅시다.

책 속 재미가 솔솔~

❶ 다음 글을 읽어봅시다.

어느 마을에 욕심 많은 형과 착한 동생이 살았어요. 착한 동생은 외딴 곳 허름한 초가집에서 어머니와 단둘이 살았죠. 어머니에게 따뜻한 밥을 해드리려고 열심히 나무를 하던 동생은 갑자기 머리 위에서 떨어진 개암 열매를 보고는 어머니에게 드리려고 줍다 날이 저물어 빈집에 들어갔다가 동생은 잔치를 벌이는 도깨비를 만나게 됩니다.

하루 종일 아무것도 못 먹어 배가 고픈 동생은 개암을 깨서 먹는데….

"따악~"

그 소리에 놀란 도깨비들은 도깨비 방망이를 두고 달아나고 도깨비가 두고 간 방망이로 동생은 부자가 됩니다. 그 소식을 들은 형은 일부러 빈집을 찾아가 도깨비가 나타났을 때 개암을 "따악~" 하고 깨물었는데…, 도깨비들에게 도깨비 방망이 내어놓으라며 실컷 두들겨 맞고 어기적어기적 산을 기어 내려왔답니다.

❷ 읽은 내용을 확인하여봅시다.

• 글의 내용에 알맞은 것에 ○표 합시다.

–어느 마을에 (착한, 욕심 많은) 동생이 살았습니다. (   )

–동생은 (허름한, 값 비싼) 초가집에 살았습니다. (   )

–배가 너무 고파서 (사과를, 개암을) 꺼내 먹었습니다. (   )

–도깨비가 두고 간 방망이로 동생은 (부자가, 거지가) 됩니다. (   )

생각에 날개 달기

❶ 도깨비와 개암을 읽고 기억에 남는 내용을 낱말 카드에 적어봅시다.

❷ 낱말 카드를 보고 자신이 경험하고 싶은 내용을 그림으로 그려봅시다.

❸ 폐품을 이용하여 도깨비를 만들고, 자신이 만든 도깨비 사진을 찍어 붙여봅시다.

::참고문헌

교육인적자원부(2007). 2007 개정 유치원 교육과정.

김경자(1994). 재미있는 언어여행: 아동, 교사, 부모가 함께하는 총체적 언어접근. 서울: 교육과학사.

김경진(1993). 아동의 현실적 실체와 정신적 실체의 구분 능력과 이 능력에 미치는 영향. 이화여자대학교 석사학위 청구논문.

김소양 · 이경화 · 채종옥(2006). 아동문학. 경기: 공동체.

노명완 · 박영목 · 권경한(1998). 독서자료의 비판적 고찰. 서울: 한국독서학회.

릴리안 스미드(1953). 박화목 역(1979). 아동문학론. 서울: 새문사.

방명숙(2001). ICT 활용과 학교 교육의 변화. 한국정보교육학회

소홍렬(1985). 윤리와 사고. 서울: 이화여자대학교 출판부.

신헌재(1993). 독서 교육의 이론과 방법. 서울: 서광학술자료사.

이경우(1996). 총체적 언어. 서울: 창지사.

이경우(2001). 총체적 언어: 문학적 접근을 중심으로. 서울: 창지사.

이경우(2006). 개정 총체적 언어: 문학적 접근을 중심으로. 서울: 창지사.

이경우 · 이은화(1994). 인간발달: 한국전래동요의 재발굴 및 통합적 활용에 대한 연구. 이화여자대학교 인간발달연구소.

이경화(2001). 읽기 교육의 원리와 방법. 서울: 박이정.

이은상(1993). 놀이과정을 통한 시지각의 표현. 계원예술연구소.

이재승(1997). 국어 교육의 원리와 방법. 서울: 박이정.

임선하(1993). 창의성에의 초대. 서울: 교보문고.

조선희 · 유연옥(1998). 유아사고 교육의 이론적 고찰: 방안탐색을 중심으로. 유아교육연구, 제18권 제2호. 239-261.

조선희 · 유연옥(2001). 유아사고 교육의 이론과 실제. 서울: 창지사.

중앙일보(2007). NIE & 통합논술 상, 하.

주강식(2003). 초등학교 시조 쓰기 지도에 관한 연구. 한국어문교육학회.

한국교육과정평가원(2004). 사회과 교육내용 적정성 분석 및 평가. 한국교육과정평가원.
한국신문협회(2006). NIE 가이드북.

Brown, A. L. Kane, M. J., & Echols, K.(1986). Young children' s mental model determine analogical transfer across problems with a common goal structure. *Cognitive Development, 1*, 103-122.
Bruner(1964). 이홍우 역(1977). *The Process of Education.* 교육의 과정. 서울: 배영사.
Cam, P.(1995). *Thinking together: Philosophical inquiry for the classroom.* Sydney: Hale & Iremonger.
Cassady, J. K.(1988). Beginning reading with big books. *Childhood Education, Fall*, pp. 18-23.
Holdway, D.(1979). *The foundations of literacy.* Portmouth, N. H.: Heinemann Educational Book, Inc.
Hurst, P. H. & Perters, R. S.(1983). 문인원 역(1988). *Logics of Education.* 교육의 재음미. 서울: 배영사.
Goodman, K.(1956). *What' s a whole in whole language?* Portsmouth, N. H.: Heinemann Educational Books, Inc.
Guilford, J. P.(1970). Creativity: Retrospect and prospect. *Journal of Creative Behavior, 5*, 77-87.
Jackson, T. E.(1989). Teacher training: The preferred format. *Analytic Teaching, 10(2).* Fort Worth: Texas Wesleyan University.
Lipman, M.(1991). *Thinking in Education.* NY: Cambridge University Press.
Ogle, D.(1989). The know, want to know, learn strategy, In K. D. Muth(Ed), *Children' s Comprehension of text*(pp. 205~223). NY, DE: International Reading Association.
Peterson & Eeds, M .(1990). *Grand conversations: Literature group in action.*

NY: Scolastic.

Razik, T. A.(1967). *Psychometric measurement of creativity*. In. P. E. Vernon(Ed.). Creativity: Selected reading. NY: Penguin.

Rosenblatt, L. M.(1991). Literature S.O.S.! *Language Arts(8),* pp. 444-448.

Routman, R.(1991). *Invitations: Changing as teachers and learners K-12*. Toronto, Canada: Irwin Publishing.

Salinger, T.(1988). *Language arts and literacy for young children*. Ohio: Merrill Publishing Company.

Splitter, L. J., & Sharp, A. M.(1995). Teaching for better thinking: The classroom community of inquiry. *Australian Council for Educational Research*. Melbourne.

Torrance. E. P.(1962). *Talent and education*. Minneapolis, MN: The University of Minnesota Press.

부록

유아 교과 논리 및 논술 수업에 활용할 수 있는 동화의 예

도서명		저자 및 출판사	비고
강아지 똥		• 글: 권정생 • 그림: 정승각 • 출판사: 길벗어린이	
개가 무서워요		• 글: 울프 에를부르흐 • 출판사: 사계절	
검피 아저씨의 뱃놀이		• 글: 존 버닝햄 • 출판사: 시공사	
곰사냥을 떠나자		• 글: 마이클 로젠 • 그림: 헬린 옥슨버리 • 번역: 공경희 • 출판사: 시공주니어	
구름빵		• 글 • 그림: 백희나 • 출판사: 한솔교육	
구리와 구라의 빵 만들기		• 글: 나카가와 리에코 • 그림: 오무라 유리코 • 출판사: 한림	

도서명		저자 및 출판사	비고
그림책 버스 뚜뚜		• 글: 조준영 • 그림: 윤정주 • 출판사: 사계절	
까만 크레파스와 괴물소동		• 글 • 그림: 나카야 미와 • 번역: 김난주 • 출판사: 웅진주니어	
나랑 같이 놀자		• 글: 마리 홀 에츠 • 출판사: 시공사	
날 좀 도와줘		• 글: 마르쿠스 피스터 • 번역: 우미경 • 출판사: 시공주니어	
노래하는 혹부리 할아버지		• 글: 우현옥 • 그림: 정기성 • 출판사: 중앙교연	
누가 내 머리에 똥 쌌어?		• 글: 베르너 홀츠바르트 • 그림: 울프 에를부르흐 • 출판사: 사계절	

도서명		저자 및 출판사	비고
눈 오는 날		• 글: 에즈라 잭 키츠 • 번역: 김소희 • 출판사: 시공사	
룰루		• 글: 그레고와르 솔로타레프 • 번역: 최윤정 • 출판사: 웅진	
마녀 위니		• 글: 코키 폴 브릭스 • 번역: 김중철 • 출판사: 비룡소	
무지개 물고기		• 글: 마르쿠스 피스터 • 번역: 공경희 • 출판사: 시공주니어	
바바빠빠		• 글: 아네트 티종 • 그림: 탈루스 테일러 • 출판사: 시공주니어	
밥 먹기 싫어		• 글: 크리스틴 슈나이더 • 그림: 에르베 삐넬 • 출판사: 그린북	

도서명		저자 및 출판사	비고
비가 오는 날에		• 글: 이혜리 • 그림: 정병규 • 출판사: 보림	
빨간 풍선의 모험		• 글: 옐라 마리 • 출판사: 시공사	
사랑에 빠진 개구리		• 글: 맥스 벨트하우스 • 번역: 이명희 • 출판사: 마루벌	
숲을 그냥 내버려 둬		• 글: 다비드 모리송 • 출판사: 크레용하우스	
쏘피가 화나면 정말 정말 화나면		• 글 • 그림: 몰리 뱅 • 번역: 이은화 • 출판사: 케이유니버스	
아무도 모를거야 내가 누군지		• 글: 김향금 • 그림: 김혜리 • 출판사: 보림	

도서명		저자 및 출판사	비고
아저씨 우산		• 글 • 그림: 사노 요코브릭스 • 번역: 박상희 • 출판사: 비룡소	
아빠는 나를 사랑해		• 글: 마리앤 K. 쿠시마노 • 그림: 이치카와 사토미 • 번역: 최재숙 • 출판사: 비룡소	
알도		• 글: 존 버닝햄 • 출판사: 시공사	
얼음낚시는 즐거워		• 글: 야미시타 하루오 • 그림: 이와무라 카즈오 • 번역: 안미연 • 출판사: 꿈소담이	
여우가 오리를 낳았어요		• 글: 쑨장평 • 그림: 팡야원 • 번역: 박지민 • 출판사: 예림당	
예방주사 무섭지 않아		• 글: 편집부 • 출판사: 한림출판사	

도서명		저자 및 출판사	비고
외눈박이 한세		• 글: 관재구 • 그림: 심미아 • 출판사: 미세기	
유치원 가기 싫은 날		• 글: 최재숙 • 그림: 양혜원 • 출판사: 삼성출판사	
으뜸 헤엄이	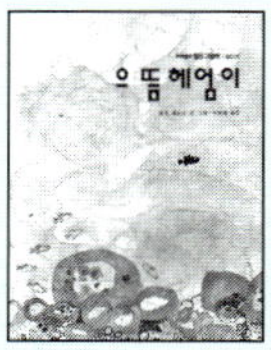	• 글: 레오 리오니 • 출판사: 마루벌	
인어는 기름바다에서 숨을 쉴 수 있나요		• 글: 유다정 • 그림: 박재현 • 출판사: 미래아이	
작고 하얀 책		• 글: 프랑크 보브라 • 번역: 김정민 • 출판사: 반딧불이(한결미디어)	
잠잠이 (프레드릭)		• 글: 레오 리오니 • 출판사: 분도	

도서명		저자 및 출판사	비고
지각대장 존		• 글: 존 버닝햄 • 번역: 박상희 • 출판사: 비룡소	
침대 밑에 괴물이 있어요		• 글: 안젤리카 글리츠 • 그림: 잉케 죄니히젠 • 번역: 김라합 • 출판사: 웅진주니어	
코를 킁킁		• 글: 루스 크라우스 • 번역: 고진하 • 출판사: 비룡소	
콧구멍을 후비면		• 글 • 그림: 사이토 타카코 • 번역: 안미연 • 출판사: 애플비	
펭귄 피트의 새 친구들		• 글: 마르쿠스 피스터 • 출판사: 시공사	
피터의 의자		• 글: 에즈러 잭 키츠 • 출판사: 시공사	

도서명		저자 및 출판사	비고
피터의 편지		• 글: 에즈러 잭 키츠 • 번역: 이진수 • 출판사: 시공사	
하늘을 날고 싶어요		• 글: 편집부 • 출판사: 키즈 아이콘	
해와 달이 된 오누이		• 글: 이규희 • 출판사: 보림	
황소와 도깨비	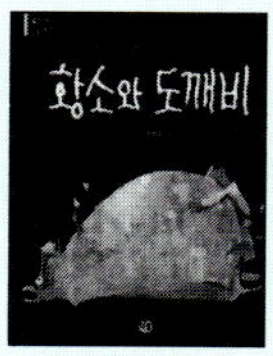	• 글: 이상 • 출판사: 다림	
흰 토끼와 검은 토끼		• 글: 가스 윌리암스 • 번역: 강성자 • 출판사: 다산기획	

고 정 리

한국교원대학교 유아교육학과 졸업 (교육학사)
한국교원대학교 일반대학원 교육학과 교육심리전공 졸업 (교육학 석사)
한국교원대학교 대학원 유아교육학과 (교육학 박사)
현) 국립경남과학기술대학교 아동가족학과 교수

유아 교과 논리 및 논술

초판 1쇄 인쇄 2011년 7월 1일
초판 3쇄 발행 2018년 1월 12일

지은이_ 고정리
펴낸이_ 황호철
펴낸곳_ 도서출판 파란마음
주소_ 04315 서울시 용산구 백범로90라길 47 | 전화_ (02) 3275-2110~1 | 팩스_ (02) 3275-2199
홈페이지_ http://paranmaum.co.kr/
등 록_ 2006년 4월 24일 · 제302-2006-00024호

ISBN 978-89-92546-79-9 93370
값 16,000원